Berühmte deutsche Lokomotiven

W0412571

099770-0

Königliche Erscheinung: Schnellzuglok S 2/6 der Bayerischen Staatsbahn

© 1993
2. Auflage 1996
Verlag Walter Podszun
Bahnhofstraße 9, D-59929 Brilon
Herstellung Druckhaus Cramer Greven
ISBN 3-86133-110-1

Herbert Schleich
& Heribert Steingaß

Berühmte deutsche Lokomotiven

■ PODSZUN

Inhalt

Vorwort Seite 8

Dampf

Adler .... Seite 24
Saxonia .... Seite 26
Baureihe 01 .... Seite 27
Baureihe 03 .... Seite 30
Baureihe 05 .... Seite 31
Baureihe 06 .... Seite 32
Baureihe 10 .... Seite 32
Baureihe 18 .... Seite 34
Baureihe 23 .... Seite 36
Baureihe 24 .... Seite 38
Baureihe 38 .... Seite 39
Baureihe 39 .... Seite 40

Baureihe 41 .... Seite 41
Baureihe 42 .... Seite 43
Baureihe 44 .... Seite 44
Baureihe 50 .... Seite 46
Baureihe 52 .... Seite 48
Baureihe 55 .... Seite 49
Baureihe 60 .... Seite 50
Baureihe 61 .... Seite 51
Baureihe 65 .... Seite 52
Baureihe 66 .... Seite 53
Baureihe 74 .... Seite 54
Baureihe 80 .... Seite 55
Baureihe 89 .... Seite 58
Baureihe 95 .... Seite 60
Baureihe 97 .... Seite 62
Baureihe 99 .... Seite 63

Diesel

Baureihe KÖ .... Seite 66
Baureihe V100 .... Seite 69
Baureihe V160 .... Seite 71
Baureihe V200 .... Seite 73
Baureihe V60 .... Seite 75
Baureihe V80 .... Seite 76
Baureihe V188 .... Seite 78
Baureihe VT 11.5 ..... Seite 79

Elektrizität

Baureihe 103 .... Seite 83
Baureihe 110 .... Seite 84
Baureihe 116 .... Seite 86
Baureihe 118 .... Seite 88
Baureihe 132 .... Seite 90
Baureihe 140 .... Seite 94
Baureihe 141 .... Seite 96
Baureihe 144 .... Seite 97
Baureihe 150 .... Seite 100
Baureihe 151 .... Seite 102
Baureihe 152 .... Seite 104
Baureihe 160 .... Seite 106
Baureihe 163 .... Seite 108
Baureihe 171 .... Seite 111
Baureihe 191 .... Seite 112
Baureihe 193 .... Seite 114
Baureihe 194 .... Seite 115
Baureihe 202/120 .. Seite 118
Baureihe 410 .... Seite 121

Die erste Lokomotive aus der Maschinenfabrik Borsig (1841)

Vorwort

Als die Eisenbahn aus England zu uns kam, gab es noch kein Deutschland, so wie wir es heute kennen. Dieses Gebiet bestand damals aus vierzig politischen Einheiten, Königreichen, Herzogtümern, Freien Städten und anderen. Europa erholte sich von den Folgen der napoleonischen Kriege, der Wiener Kongress hatte die Neuordnung in Gang gebracht.

In England hatte die Industrialisierung bereits große Fortschritte gemacht, auf dem Kontinent begann sie gerade. Entsprechend den Verhältnissen waren die Interessen der einzelnen Städte und Staaten sehr unterschiedlich, nur in einem waren sie sich einig: Diese neue Erfindung, die Eisenbahn, war ein zu hohes Risiko, als daß man die Staaten sie hätte bauen lassen dürfen.

1-A-1 = Lokomotive "Beuth" von Borsig (1844)

Dampflokomotive "Helene" (Jagsttalbahn)

5. Der Urahne der Lokomotive und des Kraftwagens
Cugnots Dampfwagen, der im Jahre 1770 in Paris gefahren ist.

**Der Urahne der Lokomotive und des Kraftwagens:
Straßendampfwagen von Cugnot, der 1770 in Paris gefahren ist**

Schnellzug-Lokomotive der Maschinenbaugesellschaft in Karlsruhe.

**Schnellzuglokomotive der Badischen Staatsbahn,
gebaut 1854/55 von der Maschinenbaugesellschaft Karlsruhe**

Die erste elektrische Lokomotive von Siemens & Halske 1879 auf der Gewerbeausstellung in Berlin

Braunschweig allerdings war nicht dieser Ansicht. Dort nahm am 1.Dezember 1838 die erste Staatsbahn auf deutschem Gebiet ihren Betrieb auf. Sonst mußten private Initiativen und Gelder den Weg bereiten. So kam es, daß sich die Zahl der Eisenbahnen, als sich die Erfindung überall durchgesetzt hatte, auf über 140 Gesellschaften belief, die kleine und große Strecken bedienten und sehr unterschiedliche Leistungen zu erbringen hatten. Entsprechend groß war die Zahl der Lokomotiv- und Wagentypen, die zum Einsatz kamen. Sie alle oder auch nur die bemerkenswertesten in diesem Buch zu beschreiben, würde dessen Rahmen sprengen.

Dennoch werden einige von ihnen genannt, da sie auch zu Reichsbahn- und Bundesbahnzeiten noch zum Einsatz kamen, und viele von diesen noch lange Jahre im Dienst waren, einzelne fast bis zum Ende des Dampflokbetriebes. Dieser endete bei der Deutschen Bundesbahn im Oktober 1977.

Jedoch zurück zum Thema: Im Lauf der Jahrzehnte wuchs die Einsicht, nicht zuletzt vom Militär beeinflußt, daß dieses weitgehend private Eisenbahnsystem sinnvoll nicht aufrechtzuerhalten war, und die Staaten begannen, die Eisenbahnen auf ihren Gebieten in eigener Regie zu übernehmen. Hieraus entstanden in den 80er Jahren des vorigen Jahrhunderts die Länderbahnen, wie zum Beispiel die Königlich Sächsische oder die Königlich Preußische, insgesamt waren es acht.

Die "Phoenix" mit Salon- und Terrassenwagen König Ludwig II

Güterzuglokomotive der Königlich Bayerischen Staatsbahn von 1868

Dampflokomotive der Preußischen Staatsbahn S 4

Dampflokomotive "Wesel" der Köln-Mindener Bahn von 1850

Preußische Güterzuglokomotive G 3 von 1884

So erklärt sich der Begriff der "Länderbahn-Lokomotive", der in diesem Buch mehrfach verwendet wird. Er besagt, daß eine so bezeichnete Lokomotive vor der Reichsbahnzeit entwickelt und gebaut wurde.

Lokomotiven, die von der Deutschen Reichsbahn mitentwickelt oder in Auftrag gegeben wurden, nennt man dagegen "Einheitslokomotiven".

Badische Lokomotive Typ II c von 1893

Entsprechend der Weimarer Verfassung und geregelt durch den Staatsvertrag zwischen dem Deutschen Reich und den Staats- bzw. Ländereisenbahnen, ging deren Vermögen am 1. April 1920 auf das Reich über: Die Deutsche Reichsbahn war gegründet.

Nach dem zweiten Weltkrieg wurde das "Reichsgebiet" nach Rückgabe besetzter Gebiete in vier Besatzungszonen aufgeteilt, und das schwer beschädigte Eisenbahnnetz und die Organisation der Reichsbahn wurden aufgeteilt.

Endlich, am 7. September 1949, entstand in der Bundesrepublik Deutschland die Deutsche Bundesbahn, während in der damaligen Deutschen Demokratischen Republik die Deutsche Reichsbahn weiterfuhr. Beide, Reichsbahn und Bundesbahn, haben dann eigene Entwicklungen im Lokomotiv- und Waggonbau vorangetrieben. Diese bezeichnet man als Neubaulokomotiven der Reichsbahn oder eben der Bundesbahn.

Soviel zum Verständnis von Lokomotivbezeichnungen für Dampflokomotiven.

Elektrische Drehstromlokomotive von 1898 (10 000 Volt)

Bei den elektrischen Lokomotiven haben wir dieses "Problem" kaum, da deren Mehrzahl Reichsbahn- und Bundesbahnlokomotiven sind; Diesellokomotiven sind in ihrer Entwicklung "Spätstarter", sie kamen erst in den 50er Jahren dieses Jahrhunderts in größerem Umfang zum Einsatz. Nur wenige Lokomotiven waren bis dahin entwikkelt worden, eher ohne Erfolg.

Zu erwähnen sind eigentlich nur Kleinlokomotiven, die die Deutsche Reichsbahn als Rangierlokomotiven einsetzte und Wehrmachtsmaschinen. Zu jenen zählte die V 36, die ihre Leistungsfähigkeit während des Krieges in weiten Teilen Europas beweisen konnte.

Elektrischer Schnelltriebwagen von Siemens und Halske bei der Rekordfahrt auf der Strecke Zossen - Marienfeld im Oktober 1903 (200 km/h)

2055 Lokomotiven der T 9^3 (erstes Baujahr 1900) erwarb die Preußische Staatsbahn, 150 gingen an andere Bahnverwaltungen. Die Reichsbahn übernahm 1500 Maschinen als Baureihe $91^{3.18}$

Württembergische Schnellzuglokomotive der Baureihe $13^{16,17}$ (erstes Baujahr 1899)

Doch zurück zu den Dampflokomotiven: Da die Länderbahnen für Lokomotiven gleicher Bauart häufig unterschiedliche Bezeichnungen benutzten, begann die Deutsche Reichsbahn 1923 mit der Umzeichnung, es entstand der Begriff der "Baureihe". So wurde aus badischen, bayerischen, sächsischen und württembergischen Schnellzuglokomotiven die Baureihe 18, aus den bayerischen P 3/5, den sächsischen XII H2 und den preußischen P 8 Personenzuglokomotiven die Baureihe 38.

Ab 1. Januar 1968 ist dann ein neues Schema zur Bezeichnung von Triebfahrzeugen in Kraft getreten, nicht zuletzt, um Daten in Computern besser erfassen zu können.

Kennzeichnung der Triebfahrzeuge ab 1.1.1968:

0 = Dampflokomotiven
1 = Elektrolokomotiven
2 = Brennkraftlokomotiven
3 = Kleinlokomotiven aller Antriebsarten
4 = Elektrotriebwagen
5 = Akkutriebwagen
6 = Brennkrafttriebwagen
7 = Schienenbusse und Diensttriebwagen
8 = Steuer-, Bei- und Mittelwagen zu Elektrotriebwagen
9 = Steuer-, Bei- und Mittelwagen zu Brennkrafttriebwagen

Aus der Dampflok 01 wurde eine 001, aus der E 18 eine 118, Brennkraftlokomotiven wurden durch Voransetzen einer 2 gekennzeichnet. Zur Charakterisierung einer Lokomotive genügt allerdings nicht die Angabe der Baureihe allein. Über ihre Achsfolge und ihre Achsanordnung, bei Dampflokomotiven zusätzlich die Zahl der Zylinder, den verwendeten Dampf usw. sollten doch zusätzliche Aussagen gemacht werden.

Hier hat man sich im Laufe der Zeit auf Buchstaben- und Zahlenkombinationen geeinigt, die kurz und präzise diese Angaben machen. Dabei handelt es sich im wesentlichen um bereits vom Verein Deutscher Eisenbahnverwaltungen Anfang dieses Jahrhunderts entwickelter und bereits von den Länderbahnen benutzter Bauartbezeichnungen.

Für Nebenbahnen stellte die Bayerische Staatsbahn von 1910 bis 1915 insgesamt 97 Lokomotiven der Gattung Pt 2/3 in Dienst, die von Krauss geliefert wurden

Dampflokomotive vom Typ T 3i, die für die Hafenbahn der Stadt Köln fuhr (1904 von Humboldt gebaut)

So werden zum Beispiel die angetriebenen Achsen durch Großbuchstaben (A=eine angetriebene Achse, B=zwei, C=drei usw), die Laufachsen dagegen durch Ziffern bezeichnet. Sind diese Achsen unabhängig vom Hauptrahmen, wird dieses durch ein ’ gekennzeichnet. Ein praktisches Beispiel: 2’C 1’ sagt über die Zahl und Anordnung der Achsen folgendes: Zwei Laufachsen in einem Drehgestell (also vom Hauptrahmen unabhängig) - drei angetriebene Achsen im Hauptrahmen - eine wiederum unabhängige Laufachse.

Diese Angaben werden im wesentlichen folgendermaßen ergänzt: Ein h= Heißdampf-, ein n= Naßdampflokomotive, 2, 3 oder 4= Anzahl der Zylinder und v= Verbundlokomotive (mehrstufige Dampfdehnung).

Um das Beispiel zu Ende zu führen: 2’C 1’ h2 sagt: zwei Laufachsen im Drehgestell, drei angetriebene Achsen, eine Laufachse im Drehgestell, Heißdampf, zwei Zylinder.

Dieser Bezeichnung werden wir z.B. bei der Beschreibung der BR 01 der Deutschen Reichsbahn begegnen.

Für E-Loks und Brennkraftlokomotiven sind diese Bezeichnungen sehr ähnlich, allerdings konstruktionsbedingt zu erweitern. Bo’ bezeichnet z. B. zwei in einem Rahmen (Drehgestell) gelagerte Treibachsen, die nicht miteinander gekuppelt sind, B’B’ zwei jeweils miteinander gekuppelte angetriebene Achsen in zwei verschiedenen Drehgestellen. Die zu den einzelnen Lokomotiven angegebenen Daten sind sorgfältig beschafft, können aber zu denen in anderen Publikationen veröffentlichten durchaus differieren, da in den Quellen häufig unterschiedliche Daten veröffentlicht sind.

Sicher wird auch der Leser die eine oder andere Angabe vermissen, möglicherweise gar die eine oder andere Lokomotive. Den Anspruch auf Vollständigkeit erhebt dieses Buch nicht. Weckt es das Interesse an der Eisenbahn und ihrer Geschichte beim Leser, hat es seinen Sinn voll und ganz erfüllt.

Von der Baureihe 93 (preußisch T 14^{1}, erstes Baujahr 1919) erhielten die Reichsbahn und Preußen insgesamt 729 Lokomotiven, 34 Maschinen ließ die Württembergische Staatsbahn nachbauen

Von der Baureihe 01 (erstes Baujahr 1925) stellte die Deutsche Reichsbahn 231 Maschinen in Dienst

Bauart und Achsfolge:

1 =	eine im Hauptrahmen gelagerte Laufachse
1′ =	eine vom Hauptrahmen unabhängige Laufachse
2′ =	zwei, in einem Drehgestell vereinigte Laufachsen
A =	eine angetriebene Achse im Hauptrahmen
B =	zwei miteinander gekuppelte Antriebsachsen im Hauptrahmen
C =	drei miteinander gekuppelte Antriebsachsen im Hauptrahmen
D =	vier usw.
B′ =	zwei miteinander gekuppelte Treibachsen, die in einem Drehgestell laufen
Bo =	zwei einzeln angetriebene Achsen in einem Rahmen
Bo′ =	zwei einzeln angetriebene Achsen in einem Triebgestell
B′B′ =	je zwei miteinander gekuppelte Treibachsen in zwei verschiedenen Drehgestellen

DAMPF

Adler

Bauart:
1 A 1 n2

Am 7. Dezember 1835 war es soweit, die erste Eisenbahn fuhr auf deutschem Boden. Auf der Strecke Nürnberg - Fürth hatte die Ludwigs-Bahn ihren Betrieb aufgenommen. Anfangs fuhr nachmittags ein Dampfzug, im übrigen wurden noch lange Zeit auch Pferde zum Ziehen der Wagen eingesetzt. Aber das Datum gilt und so wurde allein auf Grund dieser Tatsache die Lokomotive sehr berühmt, vielleicht sogar die berühmteste der deutsche Eisenbahngeschichte. Sie war Engländerin und trug einen männlichen Namen: Adler! Aber sie war die erste Dampflok in Deutschland.

Mag uns diese Maschine heute als ein Winzling erscheinen, damals war sie das non plus ultra im Lokomotivbau.

Im Mai 1835 hatte die Ludwigs-Eisenbahn-Gesellschaft der Lokomotivfabrik Robert Stephenson in Newcastle den Auftrag zum Bau der Maschine erteilt. In viele Einzelteile zerlegt wurde sie nach Nürnberg gebracht und dort zusammengebaut. Ihr erster Lokomotivführer war William Wilson, ein Engländer, der für damalige Verhältnisse ein fürstliches Gehalt bezog. Sein Jahreseinkommen war fast doppelt so hoch wie das eines Direktors der Gesellschaft. Deutsche Lokführer gab es noch nicht.

Eines ist allerdings recht bemerkenswert: Obwohl der Adler die erste Dampflokomotive in Deutschland war, die im regelmäßigen Zugverkehr eingesetzt wurde, gibt es nur wenige zuverlässige Unterlagen. Die vorhandenen englischen und deutschen Belege nennen zum Teil deutlich voneinander abweichende Maße. Sicher ist: Die Maschine war bis zur Mitte der 50er Jahre des vorigen Jahrhunderts im Einsatz.

Ihre Länge (ohne Tender) betrug 7,62m, ihre Leistung rund 40 PS. Ihr Gewicht dürfte rd. 6.5 t betragen haben.

Adler: Erste in Deutschland eingesetzte Dampflokomotive

Saxonia

Bauart:
B 1 n2

Während der Adler in diesem Buch als die Dampflok genannt wird, die als erste einen Zug in Deutschland zog, gilt für die Saxonia, daß sie die erste in Deutschland gebaute brauchbare Dampflokomotive ist. Und: Während die Strecke Nürnberg-Fürth eigentlich immer eine Nebenbahnstrecke war, wurde die Stammstrecke der Saxonia zwischen Leipzig und Dresden zu einem Teil des deutschen Fernnetzes. Sie ist auch ein Teilstück des von Friedrich List entworfenen Streckenplans für ein "allgemeines deutsches Eisenbahn-System".

Ein Kuriosum sei nicht vergessen: Zwei in England gebaute Lokomotiven zogen je einen Eröffnungszug, die Saxonia fuhr als "Reservelok" hinterher. Sie, gebaut von der Maschinenbauanstalt Uebigau (Dresden), war dann aber bis 1850, und damit länger als die englischen Maschinen im Einsatz.

Eines haben Adler und Saxonia gemeinsam, was sie von den meisten später gebauten Lokomotiven unterscheidet: ihr äußeres Erscheinungsbild. Beide haben sie einen Außenrahmen, die Treibstangen wirken innenliegend auf die Treibachsen. Für das Auge fehlt das faszinierende Bild der sich bewegenden Treib- und Kuppelstangen, das Hin- und Hergleiten des Kreuzkopfes.

Saxonia: Erste brauchbare deutsche Dampflokomotive. Mit ihr wurde 1839 die gesamte Strecke Leipzig-Dresden eröffnet

Baureihe 01

Bauart:
2'C 1'h2 und 2'C 1'h3
Indizierte Leistung:
2240 PS
Länge über Puffer:
23 940 mm
Höchstgeschwindigkeit:
130 km/h

BR 01: Erste Schnellzug-Dampflokomotive nach dem Einheitsbauprogramm der Deutschen Reichsbahn

Eine der ersten Beschaffungsmaßnahmen der Deutschen Reichsbahn waren Einheits-Schnellzuglokomotiven. Um zu einem bestmöglichen Ergebnis zu kommen, wurden zwei Bauarten in Auftrag gegeben, die 01 als 2'C 1' h2 und die 02 als 2'C 1' h4v. Dadurch gab es zum ersten Mal auch die Möglichkeit, zwei Heißdampf-Lokomotiven unterschiedlicher Bauart, eine Zwillings- und eine Verbundmaschine zu vergleichen. Der Vergleich fiel zugunsten der Zwillingsmaschine aus. So wurde die Baureihe 01 die erste Einheits-Schnellzuglok der DR. 231 Maschinen wurden in Dienst gestellt, die erste 1925 von Borsig ausgeliefert.

Nach dem 2. Weltkrieg waren sowohl bei der Deutschen Bundesbahn als auch bei der Deutschen Reichsbahn (DDR) eine Reihe von BR 01 in Betrieb. Sie wurden zum Teil modernisiert und mit neuen Hochleistungskesseln ausgestattet. Bei der DB erhielten alle statt der ursprünglichen Wagner-Windleitbleche Witte-Windleitbleche. Die Reichsbahn stellte etwa 15 Maschinen auf Öl-

Anmerkungen:
Indizierte Leistung = PSi: Bei Dampflokomotiven ist die Leistung in PS im Zylinder angegeben; diese ist höher als die "effektive" Leistung am Zughaken, da die Lokomotive Leistung benötigt, um ihren eigenen Fahrwiderstand und die Reibungsverluste im Triebwerk zu überwinden (PSe = Leistung am Zughaken).

Mit neuem, geschweißtem Kessel: 01-Umbau ab 1953

Hauptfeuerung um. Bei der DB wurden erst Mitte der 70er Jahre die letzten Maschinen dieser Baureihe außer Dienst gestellt.

Ab 1937 wurden stromlinienförmig verkleidete Dreizylinder-Maschinen der Baureihe 01 von Schwartzkopff, Berlin, mit 2120 PSi und 140 km/h gebaut. Geplant war der Bau von 250 Maschinen, tatsächlich wurden auf Grund des Kriegsausbruches nur 55 Lokomotiven abgeliefert. Alle 55 Maschinen haben den Krieg überlebt. Sie wurden mit neuen, geschweißten Kesseln ausgestattet, 33 Maschinen bei der DB auf Öl-Hauptfeuerung umgestellt.

01 mit Vollverkleidung von 1937

Baureihe 03

Bauart:
2'C 1'h2 und 2'C 1'h3
Indizierte Leistung:
1980 PS
Länge über Puffer:
23 905 mm
Höchstgeschwindigkeit:
130 km/h

Obwohl die BR 01 sich sehr bewährt hatte, gab es bei diesen Maschinen doch einen Nachteil: Sie waren für viele Strecken der DR zu schwer. Vorzugsweise im norddeutschen Raum war der Oberbau für die Achslast von 20 t zu schwach, Mittel zu dessen Ausbau fehlten.

Auf Drängen der norddeutschen Direktionen forderte die Reichsbahn die Lokindustrie auf, eine leistungsfähige Schnellzuglokomotive mit geringerem Achsdruck zu entwerfen. Außerdem forderten sie, daß die Lokomotive auf 20m-Drehscheiben gewendet werden konnte. Bereits im Juli 1930 lieferte Borsig den ersten von drei Prototypen an die DR. Nach einer gründlichen Erprobung beschaffte die Reichsbahn insgesamt 298 dieser Maschinen.

Im Verlauf der Bauperiode zwischen 1930 und 1937 erfuhren sie nur wenige konstruktive Änderungen. So stieg z.B. der Achsdruck der Treib- und Kuppelräder auf 18 t. Die Höchstgeschwindigkeit betrug 130 km/h. Wenige Maschinen wurden für eine Geschwindigkeit von 140 km/h zugelassen.

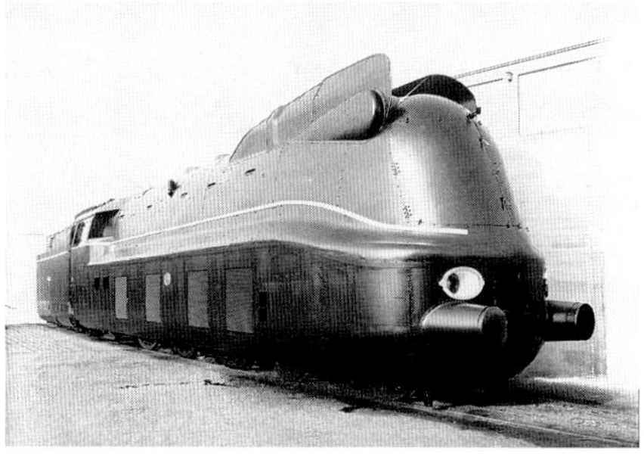

03 von Krauss Maffei

Doch schon damals faszinierte ein Thema: Das Tempo. So wurde bereits 1934 damit begonnen, Versuche mit teilweise oder ganz strömungsgünstig verkleideten Lokomotiven zu machen. Das Ergebnis war die Baureihe 03^{10}. Sie war eine Dreizylinderlok.

Ihre korrekte Bauartbeschreibung: 2'C 1' h3. Hier trieb der Innenzylinder die erste, die beiden Außenzylinder trieben die zweite Kuppelachse an. Bei einem Achsdruck von etwas mehr als 18 t waren diese Lokomotiven ursprünglich für eine Höchstgeschwindigkeit von 150 km/h zugelassen; sie wurde später auf 140 km/h zurückgenommen. 140 Maschinen dieser Serie sollten dann beschafft werden. Bedingt durch den Krieg wurden aber nur 60 Lokomotiven von Borsig, Krupp und Krauss-Maffei gebaut.

Bei Kriegsende übernahmen aus beiden Serien die Deutsche Bundesbahn etwa 150 Lokomotiven, die Reichsbahn (DDR) 86. Bei allen wurde die Stromlinienverkleidung abgebaut. Bei der Bundesbahn waren die Loks noch bis 1968 im Dienst.

BR 03: Einheits-Schnellzuglokomotive der Deutschen Reichsbahn

Baureihe 05

Bauart:
2'C 2' h3
Indizierte Leistung:
2360 PS
Länge über Puffer:
26 265 mm
Höchstgeschwindigkeit:
175 km/h

Es gibt viele Gründe, aus denen eine Lokomotive berühmt sein kann. In einem Fall ist es ihre Schönheit, wie zum Beispiel bei der bayerischen S 3/6; oder man ist beeindruckt von der vielfältigen Einsatzmöglichkeit und ihrer Leistung, wie zum Beispiel der preußischen P 8. Für die Baureihe 05, von der nur 3 Stück bei Borsig gebaut wurden, gibt es einen ganz besonderen Grund: sie erreichte bei einer Versuchsfahrt auf der Strecke Hamburg-Berlin am 11. Mai 1936 eine Stundengeschwindigkeit von 200,4 km und stellte damit einen Geschwindigkeitsweltrekord für Dampflokomotiven auf.

Es war die Zeit, in der dieselelektrische Triebwagen, wie der "Fliegende Hamburger", immerhin 160 km/h schnell, oder neuentwickelte Elektrolokomotiven zu einer ernstzunehmenden Konkurrenz für die Dampflok geworden waren. Die Dampflok mußte schneller werden.

So entwickelte und baute Borsig eine stromlinienförmig verkleidete Lokomotive, die BR 05, ausgelegt auf eine Geschwindigkeit von 175 km/h. Während die beiden erstgebauten Lokomotiven in Normalausführung hergestellt waren, versuchte man damals mit der 05 003 die Anwendung neuer Techniken. Sie erhielt u.a. Kohlenstaubfeuerung und vorne liegenden Führerstand. Diese Konstruktion hat sich nicht bewährt, so daß die Reichsbahn bereits vor 1945 diese Lok auf Normalbauart umarbeiten ließ.

Ein weiterer Grund für die Entwicklung einer Schnellfahrlok war: Die Reichsbahn wollte Reisezugwagen bei hohen Geschwindigkeiten erproben. Vorausgegangene Versuche mit einer BR 03, die nachträglich eine Stromlinienverkleidung erhalten hatte, hatten bereits gute Ergebnisse gezeigt; ihre effektive Leistung war um 385 PS gestiegen.

BR 05 001 und 05 002 waren ab Mai bzw. Oktober 1936 vor FD-Zügen und Schnellzügen, im wesentlichen auf der Strecke Berlin-Hamburg, im Einsatz. Mit Kriegsbeginn wurde der Schnellverkehr eingestellt und die Maschinen kamen aufs Abstellgleis. Hier überlebten sie den Krieg; ihre Verkleidung wurde abgebaut und so waren sie bis Ende der 50er Jahre bei der DB im Einsatz.

Baureihe 06

Bauart:
2'D 2'h3
Indizierte Leistung:
2 800 PS
Länge über Puffer:
26 520 mm
Höchstgeschwindigkeit:
140 km/h

Ein Höhepunkt in der Entwicklung von Schnellzug-Dampflokomotiven war unbestritten die Konstruktion der Baureihe 06. War diese Lokomotive auch erfolgreich? Die Antwort: Es wurden nur zwei Maschinen gebaut. Krupp brauchte drei Jahre, bis sie 1939 in Dienst gestellt werden konnten, und schon zeigte sich: Bedarf war hierfür nicht vorhanden. Sie waren überdimensioniert. Der Kessel entsprach dem der BR 45, der damals stärksten Güterzuglokomotive. Und er hatte auch ebenso häufig Schäden. (Wegen der Kesselschäden wurde ein Auftrag zum Bau von Maschinen der BR 45 von der Reichsbahn storniert).

Um bei einem Durchmesser der Treib- und Kuppelräder von 2000 mm und einem Achsstand der Kuppelachsen von 6,75 m Weichen und Radien mit eher engen Radien durchfahren zu können, wurden bei der 06 001 die Treibräder der dritten Achse ohne Spurkränze gebaut.

Bei der 06 002 wurden die Spurkränze der zweiten und dritten Kuppelachsen geschwächt, die vierte Kuppelachse erhielt eine Seitenverschiebbarkeit.

Dennoch gab es Entgleisungen und übermäßige Beanspruchungen der Weichen. Schließlich wurden die beiden Maschinen im Schnellzugdienst (Frankfurt-Erfurt) eingesetzt. Häufig mußten sie jedoch ins Betriebswerk wegen aufgetretener Schäden am Kessel oder an der Feuerbüchse. Bei der DB kam keine der Maschinen mehr zum Einsatz.

Baureihe 10
Neubau DB

Bauart:
2'C 1' h3
Indizierte Leistung:
2500 PS
Länge über Puffer:
26 503 mm
Höchstgeschwindigkeit:
140 km/h

Als Nachfolgerin der BR 01 für den schweren Schnellzugdienst war diese Lokomotive vorgesehen. Sie sollte die modernen Fern-Schnellzüge ziehen. Jedoch kam ihre Entwicklung zu spät. Die Dampflokomotive wurde von der Diesel- und E-Lok verdrängt. So kam es, daß von dieser Baureihe lediglich 2 Maschinen von Krupp gebaut und 1957 ausgeliefert wurden.

Das äußere Bild der Lokomotive unterschied sich deutlich von

BR 06: Größte und schwerste Schnellzug-Dampflokomotive der Deutschen Reichsbahn

dem bisher gewohnten. So wurden die Zylinder durch eine Verkleidung geschützt, die sowohl den Luftwiderstand vermindern als auch das Triebwerk vor Abkühlung und Schmutz schützen sollte. Wie bei der BR 03^{10} wirkte der Innenzylinder auf die erste, die beiden Außenzylinder wirkten auf die zweite Kuppelachse.

Der Übergang zwischen Lokomotive und Tender war durch eine Gummiwulst abgedichtet. 10 001 wurde mit Kohle beheizt, hatte aber eine Ölzusatzfeuerung. Diese sollte bei Höchstbeanspruchung eine ausreichende Dampfversorgung sicherstellen. Die Lok wurde später auf Ölhauptfeuerung umgebaut; 10 002 wurde von Anfang an mit Ölhauptfeuerung ausgestattet. Wegen öfter auftretender Triebwerksschäden wurden beide Lokomotiven 1967 aus dem Verkehr gezogen.

BR 10: Schwere Schnellzug-Dampflokomotive, Neubaulok der Deutschen Bundesbahn

Baureihe 18
Bayerische S 3/6

Bauart:
2'C 1'h4v
Indizierte Leistung:
1770 PS
Länge über Puffer:
22 095 mm
Höchstgeschwindigkeit:
120 km/h

In dieser Baureihe sind Länderbahnlokomotiven aus Baden, Bayern, Sachsen und Württemberg zusammengefaßt worden. (Die 10 sächsischen Maschinen waren Dreizylinder-Lokomotiven). Unter ihnen gilt die bayerische S 3/6 als eine der formschönsten Lokomotiven, die je gebaut wurde.

Anfang dieses Jahrhunderts war bei den oben genannten Bahngesellschaften ein Bedarf an Schnellzuglokomotiven für die zum Teil recht schwierigen Strecken entstanden.

Insbesondere die Hügelstrecken erforderten zugkräftige Maschinen für den Schnellzugdienst. Somit nahmen die ersten "Pacific-Lokomotiven" den Regeldienst in Deutschland auf. Diese international gebräuchliche Bezeichnung für 2'C 1'-Lokomotiven weist darauf hin, daß diese Lok-Bauart zuerst in den USA entwickelt wurde und von dort nach Europa kam. Für die guten Leistungen und die gut durchdachte Konstruktion dieser Baureihe spricht auch die Tatsache, daß die Deutsche Reichsbahn noch bis 1931 den bayerischen Typ in Auftrag gab und beschaffte, obwohl die BR 01 bereits seit 1925 gebaut wurde. Und noch Anfang der 50er Jahre ließ die DB im Rahmen ihres Modernisierungsprogramms 30 Maschinen der BR 18 mit neuen, geschweißten Kesseln ausstatten. Die letzten Maschinen waren bis 1965 in Betrieb.

Ergänzend sei noch gesagt, daß die norddeutschen Länderbahnen, die ja nur Strecken in der Ebene zu bedienen hatten, keine Pacific-Lokomotiven beschafft haben; sie begnügten sich mit den 2'C - Typen.

Sächsische XVIII H, erstes Baujahr 1917

Bayerische S 3/6 von Krauss Maffei

18 505

Baureihe 23
Neubau DB

Bauart:
1'C 1' h2
Indizierte Leistung:
1785 PS
Länge über Puffer:
21 325 mm
Höchstgeschwindigkeit:
110 km/h

Seit ihrem Bestehen hatte die Deutsche Reichsbahn für den Personenzugverkehr außer der BR 24 keine weiteren Personenzug-lokomotiven angeschafft. Ende der 30er Jahre kam aber der Wunsch auf, die preußische P 8, nunmehr BR 38, zu ersetzen. Die Schichau-Werke, Elbing, Danzig und Königsberg entwarfen für die Reichsbahn und bauten dann auch zwei Maschinen der BR 23. Sie wurden 1944 ausgeliefert. Hierbei wurde auf die Erfahrung beim Bau anderer Maschinen zurückgegriffen; Kessel und Schlepptender wurden z.B. von der BR 50 übernommen.

Bedingt durch die Kriegsereignisse wurden keine weiteren Maschinen mehr gebaut. Als dann aber 1949 die Deutsche Bundesbahn eine Personenzuglokomotive der gleichen Bauart beschaffen wollte, diente hierfür die "alte" 23 als Basis.

Im Jahre 1950 lieferte Henschel die erste Lokomotive aus, jetzt aber mit geschweißtem Kessel und Tender. Das Führerhaus war geschlossen. Bei der Höchstgeschwindigkeit von 110 km/h war diese Lok für 85 km/h für die Rückwärtsfahrt zugelassen. Daher wurden einige Exemplare Anfang der 50er Jahre für den Einsatz im Wendezugbetrieb ausgerüstet. Zu sehen waren die Maschinen der BR 23 aber nicht nur im Personen-, sondern auch im Eil- und Schnellzugdienst. Auf der Rheinstrecke zog die Lok auch den damals berühmten F 21, den Rheingold-Express der Deutschen Bundesbahn.

Von den Neubauten der DB erreichte die BR 23 das höchste "Dienstalter" mit knapp 25 Jahren. Die 23 105, von der Firma Jung (Siegkreis) geliefert, war die letzte Dampflokomotive,die von der DB angeschafft wurde. Die Deutsche Reichsbahn (DDR) beschaffte ab 1955 113 Lokomotiven der BR 23; auch sie wurden nach den Konstruktionsplänen der alten Baureihe mit modernsten Bautechniken hergestellt.

Die letzte in Dienst gestellte Dampflokomotive war eine Bundesbahn-Neubaulok der BR 23

BR 23 mit Mischvorwärmer und Wälzlagern in den Achsen und Stangen

BR 24: Das "Steppenpferd", Universal-Maschine der Deutschen Reichsbahn

Baureihe 24

Bauart:
1'C h2
Indizierte Leistung:
920 PS
Länge über Puffer:
16 955 mm
Höchstgeschwindigkeit:
90 km/h

Als bei der Deutschen Reichsbahn Bedarf für eine Personenzuglokomotive für die Nebenbahnen auf den Flachlandstrecken entstanden war, entwikkelten und bauten Linke-Hoffmann und Schichau diese Lokomotive. Insgeamt 37 Lokomotiven wurden ab 1926 ausgeliefert, später weitere 58 durch andere Lokomotivfabriken. Die Maschine bewährte sich auf den langen Nebenbahnstrecken des damaligen West- und Ostpreußen, aber auch im Norden im Großraum Hamburg/Bremen. In Ostdeutschland wurde sie als Universallok eingesetzt. 920 PS im Zylinder brachten eine Höchstgeschwindigkeit von 90 km/h.

Als die DR ab 1928 auch eine Personenzug-Tenderlokomotive beschaffte, wurden Kessel und Teile des Triebwerks von der BR 24 übernommen und somit austauschbar. Beide Baureihen und zusätzlich die Baureihe 86, eine Tenderlokomotive bevorzugt für den Güterzugdienst (ebenfalls auf Nebenbahnstrecken), gehörten zum Typenplan der DR von 1922.

Angemerkt soll noch sein, daß die Reichsbahn damals auch neue Personenwagen, die "Donnerbüchsen", für diesen Nebenbahnverkehr beschaffte. Bis dahin bestand der Wagenpark im wesentlichen aus alten "Preußen" mit Holzaufbau, die bei den Hauptbahnen nicht mehr eingesetzt werden sollten.

Die Deutsche Bundesbahn verfügte nach dem Krieg noch über 33 Lokomotiven, die überwiegend am Niederhein und in Norddeutschland eingesetzt wurden. Anläßlich der Hauptausbesserung einiger Maschinen bei Henschel wurden Versuche unternommen, die Höchstgeschwindigkeit auf 100 km/h zu steigern und den Aktionsradius der Maschinen zu vergrößern. Dies geschah u. a. dadurch, daß man die Lok mit dem Tender der BR 50 kuppelte. Obwohl diese Versuche gelangen, kam es nicht zum Großeinsatz. Im Sommer 1966 wurde die letzte Lokomotive dieser Baureihe bei der DB ausgemustert.

Die letzte Einheitslok der BR 24 wurde im August 1966 ausgemustert

Baureihe 38

Bauart:
2'C h2
Indizierte Leistung:
1180 PS
Länge über Puffer:
18 592 mm
Höchstgeschwindigkeit:
100 km/h

Die Konstruktion dieser ursprünglich als Schnellzuglokomotive geplanten Maschine ist untrennbar verbunden mit dem Namen Garbe. Der Geheime Baurat Robert Garbe, Maschinendezernent der Eisenbahndirektion Berlin, hatte diese Lokomotive als Vierzylinder-Lok in Naßdampf-Verbundart entworfen. Im Jahre 1906 wurden die ersten Maschinen von der "Berliner Maschinenbau-Aktien-Gesellschaft, vorm. Louis Schwartzkopff", Berlin, an die Königlich Preußische Eisenbahnverwaltung ausgeliefert.

Nicht unerhebliche Schwierigkeiten mit dieser Konstruktion führten dazu, daß sich als 2'C h2-Lokomotive eine einfachere Zweizylinder Heißdampf-Type durchsetzte. Diese wurde schließlich die meistgebaute Personenzug-Lokomotive Deutschlands. Allein die Preußische Staatsbahn erwarb fast 3400 Stück, selbst ausländische Bahngesellschaften gehörten zu den Käufern, so daß insgesamt fast 4000 Maschinen dieses Typs gebaut wurden. Sogar die Deutsche Reichsbahn ließ zwischen 1923 und 1925 noch 101 Maschinen der BR 38 bauen. Viele Maschinen waren noch bis Ende der 60er Jahre bei der Deutschen Bundesbahn eingesetzt.

Wie viele Maschinen tatsächlich noch im Einsatz waren, ist nicht genau zu ermitteln. Geschätzt werden rund 700 bei der DR und 1200 bei der DB. Sie bewährten sich als "Mädchen für alles" vor Schnellzügen, Personenzügen, Güterzügen und im Ruhrschnellverkehr der 30er Jahre und sogar als Lokomotive vor dem legendären "Rheingold". Die DB rüstete im Laufe der Zeit die meisten 38er mit Witte-Windleitblechen aus und kuppelte viele mit Wannentendern.

Im Vergleich mit den ursprünglichen Nietentendern war das Fassungsvermögen der Wannentender für Wasser als auch für Kohle größer; die Reichweite der Lok wurde größer. Außerdem erhöhte sich hierdurch die Geschwindigkeit bei Rückwärtsfahrten von 50 km/h auf 85 km/h. So wurden diese Loks auch für den Wendezugbetrieb geeignet.

BR 38, sächsische XII H2, erstes Baujahr 1910

BR 38, bayerische P 3/5 H, erstes Baujahr 1921

Baureihe 39
Preußische P 10

Bauart:
1'D 1' h3
Indizierte Leistung:
1620 PS
Länge über Puffer:
22 980 mm
Höchstgeschwindigkeit:
110 km/h

Mit der P 8 (später BR 38) hatte die Preußische Staatsbahn eine sehr gute Personenzuglok entwickelt. Vor Schnellzüge wurde sie auch gespannt, allerdings nur, wenn diese nicht schneller als 75 - 80 km/h fahren mußten. Mit der Zeit wurden die Züge länger und damit schwerer, was beim Einsatz der P 8 im Mittelgebirge oft eine Doppeltraktion notwendig machte. So entschloß man sich zur Entwicklung einer stärkeren Lokomotive, der P 10.

1919 lieferte Borsig Entwürfe, 1922 wurde die erste Maschine gebaut. Sie war die letzte von der Preußischen Staatsbahn entwickelte Personenzuglokomotive und die einzige vierfach gekuppelte Länderbahn-Personenzuglok. Borsig, Henschel, Krupp u.a. bauten insgesamt 260 Stück.

Allerdings gab es schon bald Betriebsbeschränkungen. Einige Loks wurden für den Schnellzugdienst auf der Strecke Köln-Hamburg eingesetzt. Die für die Strekke zu hohe Achslast von fast 20 t verursachte Schäden am Oberbau, so daß die Lok dort, wie auch auf einigen Strecken im südwestdeutschen Raum, nicht mehr zum Einsatz kam. Nach Verbesserung der Oberbauten kam sie dann bevorzugt zum Schnellzugdienst auf den Mittelgebirgsstrecken, bis sie dort nach und nach durch Maschinen der BR 01 ersetzt wurde. Mit Beginn der 30er Jahre wurde sie ihrer ursprünglichen Bestimmung entsprechend im Eil- und Personenzugdienst eingesetzt.

Nach dem 2. Weltkrieg verblieben im Bereich der DB 154 Maschinen, deren letzte 1967 ausgemustert wurden. Die Deutsche Reichsbahn (DDR) hatte noch 85 Maschinen im Besitz. Nach gründlicher Überholung wurden die meisten von ihnen unter der Bezeichnung BR 22 (Rekolok DR) auf den Mittelgebirgsstrecken Sachsens und Thüringens eingesetzt. Von ihnen wurde bis 1968 ein Großteil ausgemustert, der Rest war unter der alten Bezeichnung BR 39 bis Anfang der 70er Jahre in Betrieb.

Höhepunkt der Entwicklung preußischer Personenzuglokomotiven: die P 10, dann Reichsbahn BR 39

Baureihe 41

Bauart:
1'D 1' h2
Indizierte Leistung:
1900 PS
Länge über Puffer:
23 905 mm
Höchstgeschwindigkeit:
90 km/h

Da anfangs für den Güterzugverkehr der Deutschen Reichsbahn ehemalige Länderbahnlokomotiven in ausreichendem Maß zur Verfügung standen, wurde die Entwicklung einer Einheitslokomotive vernachläßigt, obwohl diese im Typenplan von Anfang an enthalten war. Als aber die Anforderungen an den Güterverkehr sowohl hinsichtlich der Transportgewichte als auch der Ansprüche an die Geschwindigkeiten stiegen, wurde die Lokomotivindustrie 1934 aufgefordert, eine Einheitslok zu entwerfen. Da der Streckenausbau auf zulässige 20t-Achsdruck bei weitem nicht durchgeführt war, gab es Schwierigkeiten vergleichbar denen der BR 01 und BR 03.

Bereits im Jahre 1936 lieferte Schwartzkopff die erste Maschine aus. Ihr 1'D 1'-Fahrwerk hatte sich dem der 1'D Maschinen, wie sie andere Lokomotivfabriken vorgeschlagen hatten, als überlegen erwiesen.

Zusätzlich waren die Fahrwerke mit umschaltbaren Achsdrücken ausgerüstet. Entsprechend der Anforderung an die Industrie, möglichst einheitliche und austauschbare Teile zu verwenden, wurde der Langrohrkessel der BR 03 übernommen. Das Führerhaus entsprach dem Einheitslokprogramm, Fahrwerk und Steuerung waren baugleich denen der gleichzeitig entwickelten BR 45. Gebaut und von der Reichsbahn in Dienst gestellt wurden insgesamt 366 Lokomotiven.

Sie bewährten sich als Universalmaschinen für mittelschwere Züge. Bei einer Leistung von 1900 PSi (im Zylinder gemessen) erreichten sie eine Höchstgeschwindigkeit von 90 km/h. Etwas mehr als 200 Maschinen waren nach Kriegsende bei der Deutschen Bundesbahn verblieben. Hiervon erhielten 99 Stück sogenannte Neubaukessel. Materialverbesserungen und Schweißtechnik erbrachten eine Leistungssteigerung auf nahezu 2100 PSi. Schließlich wurden noch 40 Lokomotiven auf Ölhauptfeuerung umgestellt.

Im Jahr 1966 begann die DB mit der Ausmusterung der Lokomotiven dieser BR, die letzte wurde im Oktober 1977 aus dem Dienst genommen.

Lok der Baureihe 41 der Deutschen Bundesbahn mit 2. Tender

Baureihe 42

Bauart:
1'E h2
Indizierte Leistung:
1800 PS
Länge über Puffer:
23 000 mm
Höchstgeschwindigkeit:
80 km/h

Nachdem Österreich 1938 an das deutsche Schienennetz angeschlossen worden war, brauchte man dort eine schwere Güterzuglokomotive. Der Einsatz der Loks der Baureihe 44 hatte zu Schäden am Oberbau geführt, da deren Achslast von 19,3 t zu hoch war.

Also wurde die Industrie aufgefordert, eine Güterzuglokomotive mit einer Achslast von maximal 18 t zu entwickeln. Immerhin dauerte es dann bis 1944, ehe diese 2. Kriegslokomotive in Serie ging. Mehrere Konstruktionen waren geprüft worden, bis man sich für den Bau der Lokomotive mit Stehbolzenkessel entschieden hatte.

Bis Kriegsende wurden etwa 840 Maschinen von mehreren Lokomotivfabriken gebaut und ausgeliefert. Aus noch vorhandenen, nicht fertiggestellten Exemplaren wurden nach dem Krieg sowohl für die Bundesbahn als auch für die Reichsbahn (DDR) noch einige dieser Kriegslokomotiven gebaut, verschiedene zur Lieferung an Belgien und Frankreich.

So stieg die Produktion auf insgesamt 866 Lokomotiven. Hinzu kamen noch 72 Maschinen, die zwischen 1945 und 1949 in Österreich gebaut wurden und 172 in Polen für die PKP.

Bei der Deutschen Bundesbahn waren noch 701 Lokomotiven der BR 42 im Einsatz, die letzten bis 1960; von den 49 durch die Deutsche Reichsbahn (DDR) übernommenen Maschinen wurden die letzten in den 70er Jahren ausgemustert.

BR 42 (Neubau) für den schweren Güterzugverkehr der Deutschen Reichsbahn. Mit Ölfeuerung (Abb.) wurde die erste Lok dieser Baureihe 1958 in den Dienst gestellt

Baureihe 44

Bauart:
1'E h3
Indizierte Leistung:
1910 PS
Länge über Puffer:
22 620 mm
Höchstgeschwindigkeit:
80 km/h

Bereits im 1. Typisierungsplan (Einheitslok) der Deutschen Reichsbahn war eine schwere Güterzuglok mit fünf gekuppelten Achsen enthalten. Die Maschinen sollten Güterzüge auf Mittelgebirgsstrecken und über Steilrampen ziehen. Zwei Typen, mit zwei bzw. drei Zylindern, sollten erprobt werden und so erhielten Henschel, Schwartzkopff und die Maschinenfabrik Esslingen Aufträge zum Bau von je 10 Maschinen.

Die ersten Lokomotiven wurden 1926 gebaut. Die Zweizylinder-Maschinen erhielten die Baureihenbezeichnung 43, die Drillingsmaschinen die BR 44. Bei den Zwillingsmaschinen wurde ein niedrigerer Dampfverbrauch als bei den Drillingsmaschinen ermittelt.

Daher wurde deren Produktion vorerst eingestellt. Als dann aber die Anforderungen stiegen (schwerere Lasten bei höheren Geschwindigkeiten), wurde 1937 der Bau der BR 44 wiederaufgenommen.

Mehrere deutsche und später auch ausländische Lokomotivfabriken (in den besetzten Gebieten) produzierten insgesamt annähernd 2000 Stück. Im Laufe der Zeit waren Materialeinsparungen vorgenommen worden, was zum Bau der Übergangskriegslok BR 44 ÜK führte. Die Weiterentwicklung war am Tender zu erkennen; ursprünglich mit dem genieteten "2'2' T32" ausgerüstet, lief später der geschweißte "2'2' T34" hinter der Lok. Man konnte hin und wieder einen Wannentender sehen.

Die letzten Lokomotiven der Baureihe 44 wurden 1949 in der damaligen DDR für die Reichsbahn gebaut. Somit wurde die BR 44 die über den längsten Zeitraum gebaute Einheitslokomotive. Mehr als 200 in Frankreich gebaute Maschinen gingen nicht mehr in den Besitz der Deutschen Reichsbahn über, da mittlerweile Frankreich befreit worden war. Sie wurden direkt von der SNCF übernommen.

Nach dem Krieg waren etwa 340 Maschinen bei der Reichsbahn (DDR) verblieben. 100 davon wurden auf Ölfeuerung umgebaut, 22 erhielten Kohlenstaubfeuerung. Bei der DB waren nach dem Krieg etwa 1200 Maschinen stationiert.

Von 1937 bis 1949 wurde diese Dreizylinder-Güterzuglok gebaut und war damit die am längsten beschaffte Einheitslokomotive

44 579

Baureihe 50

Bauart:
1'E h2
Indizierte Leistung:
1625 PS
Länge über Puffer:
22 940 mm
Höchstgeschwindigkeit:
80 km/h

Eine der besten Lokomotiv-Konstruktionen der Deutschen Reichsbahn dürfte diese Güterzug-Einheitslokomotive sein. Die erste Maschine dieser Baureihe wurde 1939 ausgeliefert und bis 1943 bauten viele europäische Lokomotivfabriken insgesamt fast 3170 Maschinen. Europaweit heißt in diesem Fall: In den damals von der Wehrmacht besetzten Gebieten. Nach dem Kriege baute die damalige Tschechoslowakei nach den Bauzeichnungen der BR 50 noch rund 280 Maschinen für den eigenen Bedarf.

Ursprünglich war die BR 50 als Nebenbahn-Güterzuglok konzipiert, wurde aber zu Ende der Dampflokzeit als Universallokomotive eingesetzt. Nicht zuletzt der verhältnismäßig geringe Achsdruck von nur 15 t ermöglichte die Fahrt auch auf leichtem Oberbau.

Da an vielen Endbahnhöfen nur kurze Drehscheiben zur Verfügung standen, waren die Maschinen für eine Höchstgeschwindigkeit von 80 km/h sowohl für die Vorwärtsfahrt als auch für die Rückwärtsfahrt ausgelegt. Deshalb konnten an Endstationen die Lokomotiven umgesetzt werden; sonst hätte man sie drehen müßen, um gleiche Fahrzeiten in beiden Richtungen zu haben.

Der hohe Bedarf und die große Stückzahl erklären sich daraus, daß das durch die DR zu bedienende Gebiet auf Grund der Annektionen durch das Reich stark vergrößert war. Bedingt durch den Kriegsausbruch, dem Materialmangel, und dem sprunghaft gestiegenen Bedarf wurden dann die Maschinen dieser Baureihe vereinfacht produziert. So hatten sie nur noch ein Seitenfenster, die Windleitbleche und die Speisedome entfielen.

Die BR 50 ÜK (Übergangskriegslok) war entstanden. Sie war die Vorläuferin der BR 52, der "Kriegslok". Auch nach dem Kriegsende waren noch viele BR 50 im Einsatz. Trotz der großen Verluste werden für den Bereich der DB ca. 2500, für den der DR (DDR) ca. 350 genannt.

Die Deutsche Bundesbahn ließ etwas mehr als 700 Tender zu Kabinentender umbauen. Hier fand der Zugführer seinen Platz, so daß Güterzüge den bis dahin notwendigen Güterzuggepäckwagen nicht mehr mitführen mußten. Die Deutsche Reichsbahn (DDR) ließ zwischen 1956 und 1960 sogar noch 88 Maschinen neu bauen. Außerdem rüstete sie etwa 50 Maschinen auf Ölfeuerung um.

Eine der gelungensten Dampflok-Konstruktionen: Die BR 50

Baureihe 52

Bauart:
1'E h2
Indizierte Leistung:
1620 PS
Länge über Puffer:
22 975 mm
Höchstgeschwindigkeit:
80 km/h

Kriegslokomotive wird diese als stark vereinfachte Variante der BR 50 gebaute Güterzuglokomotive genannt. In den Beschaffungsprogrammen der Deutschen Reichsbahn ist diese Lokomotive nie erschienen. Dennoch wurden von ihr mehr gebaut als von allen anderen Einheitslokomotiven zusammen. Mit Beginn des 2.Weltkrieges war das Beschaffungsprogramm auf solche Maschinen reduziert worden, die für den Kriegseinsatz geeignet schienen; es waren die Baureihen 44, 50 und 86.

Das von der Reichbahn zu bedienende Schienennetz war durch die Besetzung Polens, Frankreichs, Belgiens, Hollands und Luxemburgs stark vergrößert worden. Die Transportanforderungen durch die Wehrmacht nahmen immer größeren Umfang an. Naturgemäß wuchs damit auch die Zahl der benötigten Lokomotiven. So wurden erst durch die Vereinfachungen die Übergangskriegsloks (siehe BR 50) geschaffen.

Die extremen Klimabedingungen des "Russischen Winters" hatten dazu noch gezeigt, daß die bis dahin gebauten Lokomotiven für einen solchen Einsatz ungeeignet waren. So wurde im Dezember 1941 die Lokomotivindustrie aufgefordert, eine sogenannte "Kriegslokomotive" zu entwikkeln. Bei gleichen Leistungen wie die der BR 50 waren vor allen Dingen Einsparungen an Material und Bauzeit verlangt.

Bereits im September 1942 hatte Borsig den Prototypen fertiggestellt. Alle Veränderungen im Vergleich zur BR 50 hier aufzuführen, ist unmöglich. Aber: Die Lok bestand aus 5000 Einzelteilen (BR 50: 6000), Materialgewicht 139t (165t). Nach den Angaben von Alfred B. Gottwald wurden 6151 Maschinen für die Deutsche Reichsbahn gebaut.

Im Lauf der Zeit wurden auch Änderungen vorgenommen oder Konstruktionen neu ausgeführt. Hierzu gehörte 1943 eine Version der BR 52 mit Kondensationseinrichtung und Kondenstender.

Nachdem sich die Entfernung zu den Kriegsfronten immer mehr vergrößert hatte und auch wasserarme Strecken zu durchfahren waren, sollten diese Lokomotiven das Transportproblem lösen helfen. 137 Maschinen dieser Bauart wurden angeschafft. Von einer etwas kleineren Ausführung wurden dann lediglich noch 41 Maschinen gebaut, die aber nicht mehr alle zum Einsatz gekommen sind.

Nach dem Krieg hat dann die Deutsche Reichsbahn (DDR) 200 Lokomotiven generalüberholt und teilweise konstruktiv verbessert. 29 Maschinen wurden auf Braunkohlenstaubfeuerung umgebaut. Die Bundesbahn hatte bis 1963 alle bei ihr verbliebenen Lokomotiven ausgemustert.

Eine der ersten Großserien-Heißdampfloks: die BR 55

Baureihe 55

Preußische G 8^1

Bauart:
D h2
Indizierte Leistung:
1260 PS
Länge über Puffer:
18 290 mm
Höchstgeschwindigkeit:
55 km/h

Mehrere Güterzuglokomotivserien der preußischen, pfälzischen und sächsischen Staatsbahnen sind in der BR 55 zusammengefaßt. Mit 4948 Maschinen erreichte die erstmals im Jahr 1913 gebaute preuß. G 8^1, die bis 1921 gebaut wurde, die höchste Stückzahl. Diese Güterzuglokomotive wurde dann auch mit 3122 Stück noch ein wesentlicher Bestandteil des Lokparks der DR. Selbst bei der Deutschen Bundesbahn waren noch 205 Maschinen dieses Typs in Dienst.

Vorläufer waren die preußischen G 7 und G 8. Die erstere wurde ab 1893 gebaut; die Preußische Staatsbahn übernahm 1200 Maschinen. Hierbei handelte es sich noch um eine Naßdampflokomotive. Ab 1902 wurde dann mit der G 8 eine Heißdampflokomotive geschaffen, von der Preußen 1045 Stück übernahm. Die Neukonstruktion der G 8^1 war notwendig geworden, weil die vorherigen Maschinen keine ausreichende Zugkraft entwickelten. Ihnen wurde sogar nachgesagt, daß man "ohne Sandstreuen" gar nicht auskomme. So wurde die Reibungslast der G 8^1 dadurch erhöht, daß man stärkere Rahmenbleche baute und den Kessel größer dimensionierte, ohne jedoch die Rohrlänge zu verändern.

Um eine gute Kurvengängigkeit zu erreichen, waren die Spurkränze der 2. und 3. Kuppelachse um jeweils 15 mm geschwächt; die 4. Kuppelachse hatte eine Seitenverschieblichkeit vom 3 mm. Als ein neuer Tender mit einem Fassungsvermögen von 7t Kohle und 16,5 m3 Wasser entwickelt worden war, war die Reichweite der Lok deutlich erhöht. Die G 8 ist eine Konstruktion von Robert Garbe (siehe BR 38).

Baureihe 60

Bauart:
1'B 1'h2
Indizierte Leistung:
nicht bekannt
Länge über Puffer:
12 380 mm
Höchstgeschwindigkeit:
120 km/h

Am 16. Oktober 1851 eröffnete die Lübeck-Büchener Eisenbahn-Gesellschaft die 47 km lange Strecke Lübeck-Ratzeburg-Büchen. Erst am 1. Januar 1938 wurde sie von der Deutschen Reichsbahn übernommen. In jener Zeit war sie eine der größten Privatbahnen Deutschlands. Zu ihrem Streckennetz gehörte damals u.a. die Verbindung Hamburg-Lübeck-Travemünde.

Um der Verlagerung des Personenverkehrs auf die Straße zu begegnen, entschloß sich die Gesellschaft, auf dieser Strecke einen Personenschnellverkehr einzurichten. Die LBE beschaffte für ihr Netz Doppelstockwagen und im Jahre 1936 die ersten beiden stromlinienförmig verkleideten Tenderlokomotiven (gebaut bei Henschel).

Die Wagen, je zwei ruhten auf drei Drehgestellen, waren als Steuerwagen eingerichtet, die Lokomotiven mit Fernsteuereinrichtung ausgestattet. So war ein Umsetzen der Lok an den Endstationen unnötig. Der Lokführer konnte vom Steuerwagen aus den Regler und die Bremsen bedienen, alle anderen Funktionen übernahm der Heizer dann allein. Zwischen ihm und dem Lokführer gab es eine Telefonverbindung.

Im Jahre 1937 erwarb die LBE eine dritte, etwas stärkere Lokomotive gleicher Bauart, die zwei Einheiten dieser Doppelstockwagen ziehen konnte. Als am 1. Januar 1938 die LBE von der DR übernommen wurde, erhielten die drei Lokomotiven die Baureihen-Nummer 60.

Mit Beginn des Krieges wurde der Schnellverkehr eingestellt, die Lokomotiven ausgemustert und als Heizloks verwendet. Während der Verbleib der Lok 60 001 nicht nachzuvollziehen ist, ist bekannt, daß die beiden anderen noch bei der DR (DDR) gefahren wurden.

Baureihe 61

Bauart:
2'C 2'h2 und 2'C 3'h3
Indizierte Leistung:
1450 PS
Länge über Puffer:
18 475 / 18 825 mm
Höchstgeschwindigkeit:
175 km/h

Wenn von einer Baureihe nur 2 Lokomotiven gebaut wurden und diese dennoch so bekannt ist wie die BR 61, so muß das schon einen besonderen Grund haben. Diese beiden Lokomotiven sind untrennbar verbunden mit einem Zug, dem Henschel-Wegmann-Zug.

Im Jahre 1931 war ein heiß diskutiertes Thema bei der Eisenbahn "das Tempo". Versuche mit dem "Schienenzeppelin", einem durch eine Luftschraube angetriebenen Fahrzeug, ergaben eine Spitzengeschwindigkeit von 230 km/h. Im Triebwagenbau hatte man mit dem "Fliegenden Hamburger" 160 km/h erreicht.

Diese Entwicklung wurde von den Dampflokkonstrukteuren sehr aufmerksam verfolgt. Und so entwickelte Henschel in Kassel in den Jahren 1934/35 eine Schnellzugtenderlokomotive, eben die 61 001. Die Lokomotive war vollständig stromlinienverkleidet. Sie brachte es auf erstaunliche Ergebnisse: Die Strecke Berlin - Dresden (176 km) schaffte der Zug in 102 Minuten! Die zweite Lokomotive dieser Baureihe, die 61 002 wurde 1939 in Dienst gestellt. Äußerlich unterschied sie sich kaum von ihrer Vorgängerin. Geändert waren Trieb- und Laufwerk. Diese Lokomotive hatte ein Dreizylinder-Triebwerk und ein dreiachsiges hinteres Drehgestell.

Auch sie wurde vor einem Wegmannzug auf der Schnellfahrstrecke Berlin - Dresden eingesetzt. Die 61 001 war nach dem Krieg bis 1951 im Einsatz im Raum Bielefeld. Die Triebwerksverkleidung war abgebaut worden; so fuhr sie vor Schnellzügen.

Die 61 002 blieb im Bereich der DR (DDR). Sie wurde zu einer Schlepptenderlok umgebaut und in die Baureihe 18 umnummeriert.

Baureihe 65

Bauart:
1'D 2'h2
Indizierte Leistung:
1480 PS
Länge über Puffer:
15 475 mm
Höchstgeschwindigkeit:
85 km/h

Sowohl die Deutsche Bundesbahn als auch die Deutsche Reichsbahn (DDR) bauten nach dem Krieg eine Dampflokomotive der BR 65. Da bereits im Jahr 1940 die Deutsche Reichsbahn mit der Entwicklung dieser Baureihe begonnen hatte, sehen sich beide sehr ähnlich. Von 1951 bis 1956 übernahm die Deutsche Bundesbahn von der Krauss-Maffei AG, München, insgesamt 18 Maschinen.

Vorgesehen waren sie als Nachfolgerinnen der BR 78 und der BR 93 für den Vorortverkehr großer Städte. So bedienten sie z.B. die Strecke Essen-Kettwig-Düsseldorf, die heute von der S 6 befahren wird. Für diesen Verkehr waren sie wegen ihrer guten Beschleunigung besonders geeignet. Außerdem konnten sie mit einer zulässigen Höchstgeschwindigkeit von 85 km/h in beiden Fahrtrichtungen im Wendezugbetrieb gefahren werden. Im Vergleich zu ihren Vorgängerinnen war ihr Gewicht geringer, bedingt durch moderne Bautechniken (geschweißter Hochleistungskessel). Sie konnten größere Vorräte an Wasser und Kohle mit sich führen. Damit wären sie in der Lage gewesen, 400 km Strecke zu befahren, ohne Kohle nachladen zu müssen. Aber es zeigte sich, daß die vorgesehenen 14 m^3 Wasser nicht ganz genommen werden konnten, da bei vollen Wasserbehältern in Kurven und beim Bremsen Wasser überschwappte.

Insgesamt scheint die DB mit dieser Lok keine besonders guten Erfahrungen gemacht zu haben, denn bereits 1966 wurde die erste von ihnen ausgemustert. Außerdem wurde sie von der neuen V 100 verdrängt. Und endlich, die letzte Maschine der BR 78, die sie eigentlich ablösen sollte, wurde nach der letzten BR 65 aufs Abstellgleis geschoben.

Aus dem Neubauprogramm der DB: Tenderlokomotive für den Vorortverkehr

Neubau DR

Baureihe 66

Bauart:
1'C 2' h2
Indizierte Leistung:
1170 PS
Länge über Puffer:
14 750 mm
Höchstgeschwindigkeit:
100 km/h

Eine der letzten Dampflokomotiven im Neubauprogramm der Deutschen Bundesbahn war die Baureihe 66.

Sie wurde entwickelt für den Dienst vor leichten Personenzügen auf Haupt- und Nebenbahnen und für den leichten Güterzugdienst. Mit ihrem geschweißten Kessel mit Verbrennungskammer, ihrem Mischvorwärmer und einem Führerhaus, das beste Arbeitsbedingungen gestattete, war sie der Höhepunkt modernen Dampflokbaus.

Henschel hatte 1955 zwei Probelokomotiven gebaut und an die Bundesbahn ausgeliefert.

An Vorräten konnte sie 14,3 m^3 Wasser und 5 t Kohle mitnehmen, was ihr einen ausreichenden Aktionsradius verlieh. Die Lokomotive war für den Wendezugbetrieb vorbereitet. Bei einer Leistung von 1170 PSi erreichte sie eine Höchstgeschwindigkeit von 100 km/h.

Nur noch zwei Exemplare wurden gebaut: Tenderlokomotive für den leichten Dienst auf Haupt- und Nebenbahnen

Trotz der guten Erfahrungen mit den beiden Loks wurde vom Bau weiterer Maschinen abgesehen; die Diesellokomotive hatte ihren Siegeszug angetreten, es war kein Platz mehr für neue Dampfloks.

Baureihe 74

Preußische T 11 und T 12

Bauart:
1'C n2 + 1'C h2
Indizierte Leistung:
870 PS
Länge über Puffer:
11 800 mm
Höchstgeschwindigkeit:
80 km/h

Die Baureihe 74 faßt zwei preußische Tenderlokomotiven zusammen, die T 11 und die T 12. Entwickelt wurden sie für den Berliner Ringbahnverkehr.

Die bis Anfang dieses Jahrhunderts dort eingesetzten zweifach gekuppelten Lokomotiven entsprachen nicht mehr den Anforderungen des Verkehrsaufkommens. Zunächst entschied sich die Preußische Staatsbahn für die Naßdampflokomotive. Zwischen 1903 und 1910 erwarb sie 471 Maschinen. Anfang der 20er Jahre wurden diese auf Heißdampf umgebaut.

Die Serienproduktion der Heißdampflokomotive T 12 begann erst 1905, obwohl das erste Versuchsmuster bereits 1902 fertiggestellt worden war. Der Beschaffungszeitraum ging dann aber bis zum Jahre 1921. 974 Maschinen erwarb die Preußische Staatsbahn, 40 Maschinen gingen an andere Bahngesellschaften. Von beiden Typen gingen nach dem 2.Weltkrieg viele Maschinen sowohl an die DR (DDR) als auch an die DB. So waren z. B. Maschinen der Baureihe T 12 bis zur Wiederaufnahme des elektrischen Betriebes bei der Hamburger S-Bahn eingesetzt.

Wegen der nur sehr begrenzten Vorräte an Wasser und Kohle (7m^3 bzw. 2,5t) wurden die Lokomotiven sonst vorwiegend im Rangierdienst eingesetzt. In einzelnen Fällen wurden den Maschinen für den Streckendienst Wasserwagen beigestellt. Die letzten Maschinen der ehemaligen T 12 wurden 1968 aus dem Verkehr gezogen.

Mit ihr begann der S-Bahn-Verkehr: Preußische T 12, gebaut für die Berliner Stadtbahn, erstes Baujahr 1902

Baureihe 80

Bauart:
C h2
Indizierte Leistung:
575 PS
Länge über Puffer:
9 670 mm
Höchstgeschwindigkeit:
45 km/h

Obwohl der Deutschen Reichsbahn genügend Dampflokomotiven (Länderbahn) zur Verfügung standen, die als Rangierlokomotiven hätten eingesetzt werden können, entschloß sie sich zur Entwicklung und zum Bau einer neuen Type. Ein wesentlicher Grund hierfür war eine deutliche Kostenersparnis gegenüber den älteren Bauarten.

So war diese Lok im Typenprogramm der DR von vornherein enthalten. Mehrere Lokomotivfabriken bauten 1928/29 insgesamt 39 Maschinen der BR 80; sie waren für den Rangierdienst auf großen Personenbahnhöfen als Ersatz für die Lokomotiven der BR 89 (T 3) vorgesehen. Zum Einsatz kamen sie in Köln und Leipzig. Nach dem 2. Weltkrieg waren in Leipzig bei der DR (DDR) noch 21 Maschinen im Einsatz, 17 bei der DB, zuletzt im BW Schweinfurt. Einige wurden als Werkslokomotiven im Rhein/Ruhr-Gebiet (Zechenbahnen) eingesetzt.
Die Deutsche Reichsbahn ersetzte Anfang der sechziger Jahre ihre Maschinen in Leipzig durch Diesellokomotiven der BR V 75, die DB musterte die letzte 1965 aus.

Mehrzweck- und Nebenbahnlokomotive Baureihe 83 (Neubau DR). Obwohl die Loks die in sie gesetzten Erwartungen erfüllten, wurden bis 1956 (erstes Baujahr 1955) nur 27 auf die Reise geschickt.

Baureihe 89

Preußische T 3

Bauart:
C n2
Indizierte Leistung:
290 PS
Länge über Puffer:
8591 mm
Höchstgeschwindigkeit:
40 km/h

Auch in der BR 89 sind sehr unterschiedliche Maschinen aus Bayern, Preußen, Sachsen und Württemberg zusammengefaßt. Unter ihnen nicht die berühmteste, sicher aber die bekannteste preußische, die T3.

Henschel lieferte die erste Lokomotive im September 1882 an die Preußische Staatsbahn. Bis 1910, also fast 30 Jahre lang, wurde sie dann beschafft; verkauft wurde sie u. a. nach Italien, Frankreich, Griechenland, ja sogar nach China. Die genaue Zahl, wie oft sie gebaut worden ist, steht nicht fest, aber 1500 Stück könnten es gewesen sein.

Und natürlich waren sich nicht alle gleich; im Verlauf der Jahre wurden immer wieder Verbesserungen angebracht. Während die ersten noch mit einer Handbremse ausgestattet waren, gab es später Druckluftbremsen. Bei den ersten Exemplaren wurde die Glokke per Hand geläutet, später mit Dampf. Ehe man Ende des letzten Jahrhunderts den Stahlguß beherrschte, waren die Radsterne schmiedeeisern. Die Gegengewichte wurden von Blechstücken gehalten.

Für den Heizer unbequem war, daß der Kohlevorrat an beiden Seiten mitgeführt wurde, er also gezwungen war, nicht nur "um die Ecke", sondern auch rechts um den Lokomotivführer herumzuschaufeln. Und dennoch: Auf der Weltausstellung 1893 in Chicago gewann die T3 sogar einen Preis. Ursprünglich für den Einsatz auf Nebenbahnen vorgesehen, waren die 89er später im wesentlichen als Rangierlokomotiven im Einsatz. Und selbst die DB und die DR (DDR) setzten noch einige Exemplare ein.

Preußische T 3, erstes Baujahr 1878 (oben) und Güterzugtenderlokomotive der BR 89, erstes Baujahr 1934 (unten)

Württembergische T 3

Baureihe 95

Preußische T 20

Bauart:
1'E 1' h2
Indizierte Leistung:
1620 PS
Länge über Puffer:
15 100 mm
Höchstgeschwindigkeit:
65 km/h

Eines der größten Hindernisse im frühen Eisenbahnbau waren die Berge, gleichermaßen im Mittel- wie im Hochgebirge. Aufwendige und teure Kehrtunnel, weiträumige Umfahrungen oder zusätzliche technische Einrichtungen wie etwa Seilzüge halfen bei deren Überwindung.

Nach der Entwicklung des Zahnradantriebs durch den Schweizer Ingenieur Riggenbach (1. Zahnradbahn 1862) konnte man selbst starke Steigungen überwinden, jedoch nicht für lange Zeit. Die Anforderungen an die zu ziehenden Lasten stiegen, und der Zahnradantrieb wurde unwirtschaftlich. Der Adhäsionsantrieb wurde auch für die Bergstrecken gefordert.

Höhepunkt der Entwicklung solch starker Lokomotiven war die preußische T20. Die Konstruktion erfolgte noch zur Länderbahnzeit, gebaut wurde sie aber für die Deutsche Reichsbahn. Borsig und Hanomag lieferten insgesamt 45 Lokomotiven, die auf den Steilstrecken des Thüringer Waldes, der Geislinger Steige und auf der "Schiefe Ebene" bei Neuenmarkt-Wisberg eingesetzt wurden. Von den bei der DB nach dem Krieg verbliebenen 14 Maschinen wurden die letzten 1958 ausgemustert, die DR (DDR) stellte einige der bei ihr verbliebenen 31 Maschinen auf Ölhauptfeuerung um. Dort waren sie bis Anfang der 80er Jahre noch im Einsatz.

Die Kraft dieser Lok machte das Zahnrad auf der Steilstrecke überflüssig

Die "Mammutklasse": BR 95

Baureihe 97

Württembergische Hz

Bauart:
E h2 4v
Indizierte Leistung:
830(850) PS
Länge über Puffer:
11 870 mm
Höchstgeschwindigkeit:
50(10)km/h

Wie bei anderen so sind auch in der Baureihe 97 unterschiedliche Länderbahnlokomotiven zusammengefaßt worden. Eines aber haben sie alle gemeinsam, es sind Zahnradlokomotiven. Deren schwerste war die preußische T 26, von der allerdings nur ein Exemplar im Jahr 1920 von der Maschinenfabrik Esslingen gebaut wurde. Wenig später setzte sich auf den meisten Steigungsstrecken der reine Adhäsionsbetrieb durch.

Die Abbildung zeigt eine der stärksten deutschen Zahnradlokomotiven. Die Württembergische Staatsbahn hatte diese Lokomotiven der Gattung Hz ebenfalls in Esslingen in Auftrag gegeben; ausgeliefert wurden vier Stück zwischen 1923 und 1925 direkt an die Deutsche Reichsbahn. Eingesetzt wurden sie auf der Steilstrecke Honau - Lichtenstein.

Während die 97 003 bereits 1956 ausgemustert wurde, waren die anderen drei noch bis 1961 auf dieser Strecke im Einsatz. Sie wurden durch den Einsatz von Zahnrad-Schienenbussen ersetzt.

Zahnradlokomotiven halfen Anfang des Jahrhunderts Steigungen zu überwinden: BR 97

Baureihe 99

Neubau DR (DDR)

Bauart:
1'E 1' h2
Indizierte Leistung:
585 PS
Länge über Puffer:
11 300 mm
Höchstgeschwindigkeit:
50 km/h

Neben der "großen" Eisenbahn, die auf Regelspurgleisen fährt, hat auch die Schmalspurbahn zeitweise eine nicht unbedeutende Rolle im Nahverkehr gespielt. Immerhin brachte sie es auf eine Streckenlänge von rund 8700 Kilometer; dies war etwa 1920. Zu der Zeit betrug die Gesamtlänge des Streckennetzes der Deutschen Reichsbahn rd. 53 500 Kilometer. 1942 umfaßte ihr Schienennetz mehr als 73 000 Kilometer, davon rd. 2 200 Kilometer Schmalspur.

Als die Reichsbahn die Baureihen für die einzelnen Lokomotivtypen festlegte, bezeichnete sie alle Schmalspurlokomotiven als BR 99; hierunter fallen die unterschiedlichsten Typen. Es gab allein sechs verschiedene Spurweiten zwischen 600 mm und 1000 mm. Auf diesen rollten einfache B-Lokomotiven, jedoch ebenfalls so ausgereifte Konstruktionen wie die der Bauart Meyer oder Mallet. Und auch von der Herkunft her gab es große Unterschiede: So kamen sie zum Beispiel aus Preußen oder Sachsen, von der Rügenschen Kleinbahn oder aus dem Harz. Stellvertretend für sie alle wird hier eine 99er beschrieben, die heute noch Dienst tut. Es handelt sich um eine Neubaulok der Deutschen Reichsbahn (DDR).

Auf Grund des großen Mangels an leistungsfähigen Dampflokomotiven für Schmalspurstrecken ließ die DR zwischen 1952 und 1956 nach dem Vorbild von im Jahre 1931 von Schwartzkopff gebauten Lokomotiven diese fünffach gekuppelten Heißdampflokomotiven bauen. Es sind die schwersten und stärksten, die je in Deutschland gebaut wurden, Bauart 1'E 1' h2.

Trotz dieser Achsfolge sind sie in der Lage, die sehr engen Radien der Harzstrecken (50 m) zu durchfahren. Dies wird dadurch erreicht, daß die Treibachsen seitenverschiebbar sind und die mittlere keinen Spurkranz besitzt. Bei einer Höchstgeschwindigkeit von 40 km/h ziehen sie einen 160 t-Zug immerhin noch mit 25 km/h den Berg hoch. Gebaut worden sind sie in Babelsberg beim Lokomotivbau "Karl Marx". Noch heute sind sie auf der inzwischen privatisierten Harzquerbahn im Regelzugverkehr zu finden.

211 023-7
361 171-2

DIESEL

Baureihe Kö

Eine Arbeitsgemeinschaft der Deutschen Reichsbahn mit den Lok- und Motorenfabriken Deutz, Gmeinder und Kaelble entwickelte und baute ab 1933 Kleinlokomotiven in drei unterschiedlichen Leistungsgruppen. Nachdem zuerst 76 Maschinen unterschiedlicher Größe und mit unterschiedlichen Aufbauten geschaffen wurden, baute man 1934 weitere 81 Stück indentischer Bauart, die Einheitslokomotive Kö I. (K = Kleinlokomotive, ö = Öl(Diesel-)motor, I = Leistungsgruppe 1).

Diese Maschinen waren im Vergleich zu den ersteren mit stärkeren Motoren ausgerüstet. Von ihnen wurden in den folgenden Jahren mehr als 100 Stück nachgebaut. Einsatzgebiet für diese Lokomotiven war das Rangieren auf kleinen Bahnhöfen und das Bedienen von Laderampen und Gleisanschlüssen.

Soweit die DB noch über Maschinen dieser Baureihe verfügte, ließ sie alle mit Deutzmotoren mit einer Nennleistung von 50 PS ausrüsten. Hierdurch wurde die Nennleistung von 30 bis 39 PS auf 50 PS erhöht. Die Höchstgeschwindigkeit bewegte sich zwischen 18 und 23 km/h. Diese Lokomotiven erhielten bei der DB die Baureihenbezeichnung 311.

Gleichzeitig entstanden Einheitskleinlokomotiven der Leistungsgruppe II. Bis 1938 wurden hiervon 887 Maschinen unterschiedlicher Leistungsstärke (50 bis 107 PS) von mehreren Lokomotivfabriken, unter ihnen Jung und Orenstein & Koppel, gebaut. Bei der DB wurden diese als Baureihe 321 geführt.

Anfang der 50er Jahre bis 1965 ließ die DB noch insgesamt 731 Maschinen der Leistungsgruppe II nachbauen. Motoren mit einer Nennleistung zwischen 118 und 125 PS wurden eingebaut, die Kraftübertragung erfolgt hydraulisch. Das Wendegetriebe ist über Ketten mit den beiden Achsen verbunden. Die Bezeichnung wurde auf Köf II erweitert, wobei das f aussagt, daß die Maschine über ein Flüssigkeitsgetriebe verfügt. Die Baureihenbezeichnung für diese neuen und umgerüsteteten älteren Maschinen war 322, 323 und 324. Mehr als 1000 Maschinen waren zeitweise bei der DB im Einsatz.

Unter der Baureihenbezeichnung 331, 332 und 333 stellte die DB ab 1959 mehr als 400 Kleinlokomotiven der Leistungsgruppe III in Dienst. Diese besitzen ein geschlossenes und beheizbares Führerhaus, ebenfalls ein hydraulisches Getriebe und in der neuesten Version statt der Ketten zwei Gelenkwellen.

Achtzylindermotoren bringenmit 240 PS eine Höchstgeschwindigkeit bis zu 45 km/h. Diese Maschinen werden neben dem Rangierdienst auch vor Arbeitszügen eingesetzt.

Rangierlokomotiven der Leistungsgruppen I und II

Rangierloks der Baureihe 311 (oben) und 332 (unten)

Baureihe V 100

211, 212 und 213

Bauart:
B'B`
Nennleistung:
1100/1350 PS
Länge über Puffer:
12 100/12 300 mm
Höchstgeschwindigkeit:
90/100 km/h

Von einem Streckennetz von rund 30 000 km waren Ende der fünfziger Jahre noch mehr als ein Drittel Nebenstrecken. Diese wurden überwiegend mit Dampflokomotiven bedient, ein sehr aufwendiger und teurer Betrieb. Daher hatte man bereits frühzeitig begonnen, eine Diesellokomotive für den gemischten Nebenbahnbetrieb zu entwickeln, die gleichzeitig leichte Züge auf Hauptbahnen ziehen sollte. So entstand die V 100.

Nachdem 1958 die erste von sechs Erprobungsmaschinen von der MaK Maschinenbau GmbH, Kiel, ausgeliefert worden war, und eine weitere Serie von 36 Lokomotiven in den Jahren 1961/62 gebaut und in Dienst gestellt wurde, begann die eigentliche Serienproduktion, an der mehrere Lokomotivfabriken beteiligt waren. Insgesamt 364 Maschinen der Baureihe V 100 (Bundesbahn: Baureihe 211) mit einem 1100-PS-Motor wurden in Dienst gestellt. Die ab Herbst 1961 gelieferten Maschinen erreichten eine Höchstgeschwindigkeit von 100 km/h. Für die Zugbeheizung stand eine Dampferzeugungsanlage zur Verfügung. Von der BR 212 wurden weitere 381 Maschinen gebaut. Sie unterschieden sich im wesentlichen durch eine stärkere Motorisierung mit 1350 PS. Sie waren für den Einsatz auf Steigungen und auf Hauptstrekken vorgesehen. Wenige 10 Lokomotiven dieser letzten Serie wurden durch besondere Bremsen für den Dienst auf Steilrampen ausgerüstet. Sie trugen die Baureihenbezeichnung 213.

Baureihe 211 (oben) und 212 (unten)

Für den gemischten Verkehr auf Neben- und Hauptstrecken wurde die V 100 entwickelt

Baureihe V 160

216 und 218

Bauart:
B'B'
Nennleistung:
1900 PS
Länge über Puffer:
16 000 mm
Höchstgeschwindigkeit:
120 km/h

Im Sommer 1960 erhielt die Deutsche Bundesbahn eine neue Mehrzwecklokomotive, die V 160. Sie war in Zusammenarbeit mit der DB von Krupp entwickelt und gebaut worden. In Stahlleichtbauweise gebaut und ganz geschweißt war sie die erste einmotorige Streckenlokomotive, die sowohl im Güter- als auch im Personenzugbetrieb eingesetzt werden konnte. Ausgestattet mit einer Vielfachsteuerung war sie für Wendezugbetrieb und Doppeltraktion geeignet. Zur Dampferzeugung für die Zugheizung stand ein ölgefeuerter Heizkessel zur Verfügung.

Nachdem Krupp sechs Lokomotiven geliefert hatte, erhielt Henschel den Auftrag zum Bau von vier weiteren. Die letzte dieser Henschel-Loks unterschied sich äußerlich stark von den vorherigen. Auch waren die Gelenkwellen verstärkt worden. Ab 1964 erfolgte dann der Bau von insgesamt 214 Maschinen durch mehrere Lokomotivfabriken. Sie ersetzten auf den Hauptstrecken Dampflokomotiven etwa der BR 38 oder BR 39.

Mit der V 160 (jetzt 216) hatte die Deutsche Bundesbahn im Jahre 1960 die erste große Mehrzweck-Diesellokomotive mit nur einem Fahrmotor in Dienst gestellt. Aus ihr und den nachfolgenden Maschinen der Baureihe 217 wurde die Baureihe 218 entwickelt. Der Bau von mehr als 400 Stück zeigt, daß es sich hier um eine gelungene Lok-Konstruktion handelt.

Mit ihr wurde zum ersten Mal eine gute Lösung für die Zugheizung gefunden. Der Dieselmotor (MAN und Maybach-Mercedes) ist so stark, daß er auch den hierfür notwendigen Generator antreiben kann. Die Motorstärke und der Einbau einer hydrodynamischen Bremse erlaubten auch die Höchstgeschwindigkeit von 140 km/h. So konnte die Lokomotive vor schweren Güter- und Reisezügen eingesetzt werden. Auch heute ist sie auf den nicht elektrifizierten Strecken der DB häufig zu sehen.

Diesel gegen Dampf: BR 218 (oben) und zwei ausgemusterte BR 220 (unten)

Baureihe V 200

Bauart:B'B'
Nennleistung:
2x 1100/1350 PS
Länge über Puffer:
18 470 / 18 440 mm
Höchstgeschwindigkeit:
140 km/h

Zu Beginn der 50er Jahre brauchte die DB dringend Diesellokomotiven für den schweren Streckendienst. Während der Verkehrsausstellung in München 1953 wurden die ersten Maschinen einer neuen Serie der Öffentlichkeit vorgestellt.

Es war die von Krauss-Maffei, München, in Zusammenarbeit mit der DB entwickelte V 200. Zwei 12-Zylinder-Viertakt-Diesel Motoren trieben die Achsen je eines Drehgestells an. Die Motoren, die untereinander austauschbar waren, kamen von Daimler, MAN und Maybach. Ihre je 1100 PS ermöglichten der Lokomotive eine Höchstgeschwindigkeit von 140 km/h. Im Maschinenraum zwischen den beiden Dieselaggregaten war der Heizkessel zur Dampferzeugung für die Zugheizung angeordnet.

Fünf dieser Maschinen wurden gebaut und ab 1953 in Dienst gestellt. Sie bewährten sich sowohl im Schnellzug- als auch im mittelschweren Güterzugverkehr. Die DB sich entschloß, weitere Maschinen zu beschaffen. 82 der BR 220 lieferten Atlas-MaK und Krauss-Maffei ab 1956 an die DB.

Diese Maschinen wiesen gegenüber der Vorserie nur wenige technische Verbesserungen auf. Schon bald aber wurden stärkere Diesellokomotiven benötigt; längere und schwerere Züge bei gestiegenem Verkehrsaufkommen machten sie notwendig. Den Entwicklungs-Auftrag erhielt Krauss-Maffei im Jahre 1960. Ab 1962 und bis 1965 wurden insgesamt 50 Maschinen der BR 221 (ex V200) gebaut und eingesetzt. Zwei Daimler-Benz-Motoren mit einer Leistung von je 1350 PS ermöglichten auch hier eine Höchstgeschwindigkeit von 140 km/h.

BR 220 (V200) für schwere Strecken. Abgebildet ist eine Maschine der Vorserie von 1953

V 200 im Bahnhof Weinheim (oben) und eine stärkere Variante der V 200 (Baureihe 230), von der Krauss-Maffei 1957 drei an die jugoslawische Staatsbahn lieferte.

Baureihe V 60

Bauart:
C
Nennleistung:
650 PS
Länge über Puffer:
10 450 mm
Höchstgeschwindigkeit:
60 km/h

Fast alle deutschen Lokomtivfabriken bildeten Mitte der 50er Jahre eine Arbeitsgemeinschaft mit dem Ziel, für die DB eine Rangierlokomotive zu entwickeln. Es war ein hoher Bedarf an einer solchen Type entstanden. Nach kurzer Entwicklungs- und Erprobungszeit einzelner Vorausexemplare war die Lokomotive serienreif. Ab 1956 wurden insgesamt 941 Lokomotiven der Baureihe V 60 in Dienst gestellt.

Den Verwendungszweck sieht man der Lokomotive an: Stangenantrieb (statt Drehgestell), die beiden niedrigen und schmalen Vorbauten geben dem Lokführer im mittig angeordneten Führerstand den Blick auf die Puffer frei.

Eine sonst bei Diesellokomotiven übliche Anlage für die Zugheizung konnte entfallen. Ein 12-Zylinder-Dieselmotor mit einer Leistung von 650 PS ermöglicht eine Höchstgeschwindigkeit von 60 km/h. Die Vorwärmung erfolgt über einen Koksofen. Einige Maschinen sind mit Funkfernsteuerung ausgerüstet, alle mit Rangierfunkanlage. Mit einer höheren Reibungslast, sonst baugleich, kamen 318 Lokomtiven unter der Bezeichnung BR 261 zum Einsatz. Zwischenzeitlich sind die Lokomotiven dieser Baureihen zu 360er und 361er, also zu Kleinlokomotiven "degradiert" worden.

Im Morgennebel: Rangierlok der Bundesbahn aus den fünfziger Jahren, BR 260

Baureihe V 80

Bauart:
B'B'
Nennleistung:
1100 PS
Länge über Puffer:
12 800 mm
Höchstgeschwindigkeit:
100 km/h

Mit der Entwicklung und dem Bau dieser Diesellokomotive V 80, von der 1952 nur 10 Stück gebaut und in Dienst gestellt wurden, war der Durchbruch im Diesellokbau gelungen. Mit ihr begann die durchgreifende Traktionsumstellung bei der DB. In Zusammenarbeit mit den Lok-, den Motoren- und den Getriebekonstrukteuren hatte die DB diese Lok entwickelt.

Auf vielen Gebieten wurde Neuland betreten: Moderne Schweißtechnik beim Rahmen und Aufbau, neue Drehgestelle, Bauart und Anordnung der Motoren und nicht zuletzt der Gelenkwellenantrieb. Die anfangs eingebauten Motoren mit 800 PS und 1000 PS wurden gegen solche mit 1100 PS ausgetauscht. Alle Maschinen wurden technisch sowohl für die Doppeltraktion als auch für den Wendezugbetrieb ausgerüstet. So war die Lokomotive universell einsetzbar im leichten Personen- und Güterzugbetrieb. Ihre Konstruktion schließlich war richtungsweisend für den späteren Diesellokbau.

Die ersten großen Diesellokomotiven mit hydraulischer Kraftübertragung: BR 280 (V 80). Als Antriebsmaschinen standen drei verschiedene Großmotoren von Daimler-Benz, MAN und Maybach zur Verfügung

Dieselhydraulische V 80 als Einzel- und Doppellokomotive mit Fernsteuerung

Baureihe V 188

Bauart:
Do + Do
Nennleistung:
2 x 940 PS
Länge über Puffer:
22 510 mm
Höchstgeschwindigkeit:
75 km/h

Wie die V 36 ist auch die V 188, jetzt Baureihe 288, ursprünglich für die Deutsche Wehrmacht entwickelt worden. Das Aufgabengebiet war der Transport schwerer Eisenbahngeschütze. Da von Anfang an eine Doppeltraktion vorgesehen war, erhielten alle Lokomotiven nur einen Führerstand. Der in jeder Einheit eingebaute Dieselmotor war mit einem Generator gekuppelt. Dieser trieb vier Tatzlagermotoren.

In den Jahren 1939/1941 baute Krupp insgesamt sechs Doppeleinheiten. Nach dem Krieg konnte die Deutsche Bundesbahn noch drei Doppeleinheiten übernehmen. Eine davon diente als Ersatzteilspender, die beiden anderen wurden von Krauss-Maffei aufgearbeitet und später noch mit 12-Zylinder-Maybach Dieselmotoren von 1100 PS ausgerüstet.

Seit 1971 ist keine 288 mehr im Einsatz. Mit ihr ist die letzte diesel-elektrische Lokomotive bei der Bundesbahn ausgemustert worden; sie verfügt nur noch über diesel-hydraulische Lokomotiven.

Ging 1949 für die Bundesbahn auf Reisen: Baureihe 288 (V 188)

Baureihe VT 11.5

Bauart:
B'2'
Nennleistung:
1100 PS/2200 PS
Länge über Kuppelung:
19 200 mm
Höchstgeschwindigkeit:
140/160 km/h

Es ist immer noch eine Lokomotive, aber ihr Erscheinungsbild hat sich geändert und ihr Name auch: Triebkopf oder Maschinenwagen.

Die Eisenbahnen der Benelux-Staaten, Frankreichs, Italiens, der Schweiz und der Bundesrepublik Deutschland hatten mit dem Sommerfahrplan 1957 ein neues, komfortables zwischenstaatliches Reisen ermöglicht, das TEE-Netz war eröffnet. Die DB setzte hierfür unter der Bezeichnung VT 11.5 Triebzüge ein. Diese bestanden aus je einem Maschinenwagen am Anfang und Ende des Zuges; zwischengekuppelt wurden fünf bis acht Mittelwagen (Abteil- und Großraum-, Küchen- und Speisewagen).

So standen jedem Zug zweimal 1100 PS Maschinenkraft zur Verfügung. Im Regelfall wurde jedoch nur mit einer Maschine gefahren, die zweite wurde beim Anfahren oder zur Überwindung größerer Steigungen zugeschaltet. Ein in jedem Maschinenwagen zusätzlich eingebauter Hilfsdieselmotor betrieb die Klimaanlage. Gebaut wurden diese Triebköpfe von der MAN. Wenige wurden in Laufe des Jahres 1974 umgebaut. Klöckner-Humboldt-Deutz baute eine Gasturbine ein, die die Leistung von 2200 PS brachte und eine Höchstgeschwindigkeit von 160 km/h erlaubte (BR 602). Hierbei handelte es sich um eine ursprünglich für Hubschrauber gebaute Turbine.

Die genaue Bezeichnung für einen Triebzug, der aus zwei Maschinenwagen und fünf Mittelwagen bestand, war BR 601/901; ein solcher Zug war gut 130 m lang.

194 578-1
150 036-2
151 150-0
120 104-5

ELEKTRIZITÄT

Zu ihrer Zeit die schnellste E-Lok der DB zum Vorspann vor TEE- und F-Züge: die E 03

Baureihe 103

Bauart:
Co'Co'
Nennleistung:
7780 kW
Länge über Puffer:
20 200 mm
Höchstgeschwindigkeit:
200 km/h

Das Bundesbahn-Zentralamt, München, die Siemens-Schuckert Werke AG., Berlin/Erlangen und Henschel&Sohn AG., Kassel haben diese bis dahin schnellste und stärkste Elektrolokomotive der DB gemeinsam entwickelt. Die ersten Maschinen wurden 1965 in Betrieb genommen.

Der Grund war folgender: Anfang der 60er Jahre hatte die Deutsche Bundesbahn begonnen, ein Schnellverkehrsnetz zu entwickeln. Dieses sollte der wachsenden Konkurrenz der Lufthansa im innerdeutschen Verkehr paroli bieten. Ein solches Schnellverkehrsnetz hatte vor dem 2. Weltkrieg bereits bestanden. Damals hatte die Deutsche Reichsbahn mit dem Anhalter Bahnhof in Berlin als Zentralbahnhof mit den bekannten Dieseltriebwagenzügen "Fliegender Hamburger" oder "Fliegender Kölner" Schnellverbindungen über große Entfernungen geschaffen.

Heute würde man diese Verbindungen nach Stuttgart Frankfurt/Main und München "Tagesrandverbindungen" nennen (morgens hin, abends zurück). Das jetzt von der Bundesbahn projektierte System ging von kürzeren Strecken zwischen den Großstädten in der Bundesrepublik aus, die im Taktfahrplan bedient werden sollten.

Hierfür mußte eine Lokomotive geschaffen werden, die bei einer hohen Beschleunigung auch hohe Dauergeschwindigkeiten erreichte. Nach Prüfung einiger Vorentwürfe entschied man sich für diese mit sechs Motoren angetriebene Lokomotive. Bereits 1965 zogen die ersten Maschinen anläßlich der Verkehrsausstellung in München auf der Strecke Augsburg-München Schnellzüge mit 200 km/h. Bald zeigte sich jedoch, daß sowohl am Oberbau als auch an den Lokomotiven selbst bei diesen hohen Geschwindigkeiten zu großer Verschleiß auftrat. Man reduzierte die Geschwindigkeit auf 160 km/h, bis endlich 1977 das erstrebte IC-Netz eingerichtet werden konnte.

Und auch bei den dann steigenden Zuggewichten, die 2. Klasse kam hinzu, entsprachen die Leistungen der Lokomotiven voll den Erwartungen.

Zu Meß- und Versuchsfahrten wurde eine E 03 für Geschwindigkeiten bis zu 250 km/h eingerichtet. Alle Lokomotiven waren für das Schnellfahrnetz mit mehreren voneinander unabhängigen Bremssystemen und mit Linienzugbeeinflußung ausgerüstet.

Baureihe 110

Bauart:
Bo'Bo'
Nennleistung:
3700 kW
Länge über Puffer:
16 440 mm
Höchstgeschwindigkeit:
150 km/h

Im Jahre 1950 begannen die Deutsche Bundesbahn und deutsche Lokomotivfabriken mit der Entwicklung einer neuen Elektrolokomotive. Geplant war eine Mehrzwecklokomotive für den Einsatz vor Schnell-, Personen-, und Güterzügen. Es handelte sich um die Nachfolgelokomotive für die E 44. Krauss-Maffei und AEG, Krupp und BBC, Henschel und SSW lieferten Ende 1952 je einen Prototypen. Diese waren alle als Drehgestell-Lokomotiven ausgeführt. In jedem Drehgestell waren zwei angetriebene Achsen. Die Antriebsarten waren jedoch unterschiedlich. Rahmen und Lokomotivkasten waren bei allen geschweißt. E 10 003 von SSW erhielt einen Gummiringantrieb. Dieser wurde bei mehreren anderen Neubaulokomotiven ebenfalls verwandt. BBC baute in seine Lokomotive einen Hauptschalter mit Druckluftbetätigung ein. Mit diesen Schaltern wurden später alle DB-E-Loks ausgerüstet.

Die Versuche mit diesen Lokomotiven ergaben kein allseits befriedigendes Ergebnis. Daher entschloß man sich, Serien für geplante Einsatzgebiete zu schaffen.

Für den schweren Schnellzugdienst kam die E 10^{1}. Ausgerüstet mit Sicherheitsfahrschaltung induktiver Zugsicherung erreichte sie Höchstgeschwindigkeiten von 150 k/h. Ab 1962 wurde durch eine Änderung der Übersetzung die Höchstgeschwindigkeit auf 160 km/h heraufgesetzt. Diese Serie erhielt die Baureihennummer E 10^{12}. Sie war neben der E 03 die schnellste Lokomotive der DB.

Die Loks dieser Serie zogen die berühmten TEE "Rheingold" und "Rheinpfeil". Als Güterzuglokomotiven wurden die Baureihen E 40 und E 50 beschafft.

Die elektrische Schnellzuglok der DB in den 60ern: die E 10

E10 001

Baureihe 116

Bauart: 1 'Do 1'
Nennleistung:
2944 kW
Länge über Puffer:
16 300 mm
Höchstgeschwindigkeit:
120 km/h

Anfang der 20er Jahre bestand bei der Deutschen Reichsbahn ein dringender Bedarf an elektrischen Schnellzuglokomotiven für die bayerischen Strecken. Geplant war die Beschaffung von zehn E-Loks mit Einzelachsantrieb für den schweren Schnellzugdienst. Nach langem hin und her erhielt BBC endlich den Auftrag, erst eine, dann insgesamt zehn Maschinen mit Buchli-Antrieb zu bauen. Diese Antriebsart hatte sich bei der SBB bereits bewährt; die Reichsbahn ging hiermit vom Stangenantrieb für E-Loks ab.

Die mechanischen Teile für diese Lokomotiven wurden von Krauss geliefert. Als ES 1 21 001 - 21 010, also mit bayerischen Nummern, kamen diese Maschinen zum Einsatz. Ein Jahr später, 1927, wurden weitere sieben Maschinen in verstärkter Ausführung angeschafft. Die guten Erfahrungen mit der E 16 veranlaßten die Deutsche Reichsbahn 1929 und 1930 vier weitere Maschinen bei Krauss und BBC in Auftrag zu geben. Auffallend war die Änderung am Aufbau: Die Stahlgußgehäuse zum Schutz der Zahnräder des Buchli-Antriebs wurden durch einen Stahlgußrahmen ersetzt. Außer diesen Maschinen der Baureihe 116 wurde bei keiner deutschen E-Lok der Buchli-Antrieb eingebaut.

Die E 16 war die einzige E-Lok mit Buchli-Antrieb auf dem deutschen Schienennetz

Baureihe 118

Bauart:
1'Do 1'
Nennleistung:
3040 kW
Länge über Puffer:
16 920 mm
Höchstgeschwindigkeit:
150 km/h

In den Jahren 1928 bis 1930 hatte die Deutsche Reichsbahn 38 Lokomotiven der Baureihe E 17 angeschafft. Diese Schnellzuglokomotiven, gebaut von AEG, waren in Sachsen im Einsatz. Als dann in den Jahren 1931 bis 1934 die Strecke Stuttgart - München elektrifiziert war, übernahmen sie dort den Schnellzugdienst. Für den Dienst auf den sächsischen Flachlandstrecken hatte AEG mittlerweile neue Maschinen entwickelt, die E 04.

Beide Loktypen hatten sich gut bewährt, so daß AEG einen weiteren Auftrag von der Deutschen Reichsbahn erhielt: Entwicklung einer Elektrolokomotive für den schweren Schnellzugdienst. Dies geschah 1933. Als Ergebnis dieser Arbeit entstand die E 18, die auf der Weltausstellung Paris 1937 den Grand Prix als stärkste Einrahmenlokomotive der Welt erhielt. Die Elektromotoren waren gleich denen in der E 04, ein Fliehkraftregler steuerte die Bremskraft so, daß bei einer Geschwindigkeit von weniger als 55 km/h durch geringeren Bremsdruck ein Blockieren der Räder vermieden wurde.

Neu war auch, daß der Lokführer sitzend seine Tätigkeit ausübte. Bei Versuchsfahrten wurde im Juni 1935 eine Höchstgeschwindigkeit von 165 km/h erreicht, im Regelverkehr betrug sie 150 km/h. Zwei Maschinen wurden nach dem 2.Weltkrieg von Krupp gebaut. Mit diesen hatte die DB insgesamt 41 Lokomotiven im Einsatz, bei der Deutschen Reichsbahn (DDR) waren es sechs.

Gebaut für den schweren Schnellzugdienst der Deutschen Reichsbahn
und eine ihrer schönsten E-Loks: die E 18

Baureihe 132

Bauart:
1'C 1'
Nennleistung:
1170 kW
Länge über Puffer:
13 010 mm
Höchstgeschwindigkeit:
75 km/h

Für den Personenzugdienst auf den von München ausgehenden bayerischen Strecken beschaffte die Deutsche Reichsbahn zwischen 1924 und 1926 insgesamt 29 Maschinen dieser Baureihe. Die elektrische Ausrüstung lieferte BBC, den Fahrzeugteil baute Maffei.

Es war die erste deutsche E-Lok mit Stangenantrieb. Zwei Elektromotoren verliehen der Lok eine Höchstgeschwindigkeit von 75 km/h. Die Kraftübertragung erfolgte über schräge Treibstangen auf eine Blindwelle und über Kuppelstangen auf die drei Achsen. Auf Grund der sehr großen Laufruhe, nicht zuletzt beeinflußt durch das Krauss-Helmholtz-Gestell, wurden acht Maschinen Anfang der 30er Jahre mit einer neuen Übersetzung ausgerüstet, sodaß sie eine Höchstgeschwindigkeit von 90 km/h erreichten. Diese Maschinen konnten dann auch für den leichten Eilzugbetrieb eingesetzt werden.

Nachdem die E 32 bis zu den 30er Jahren überwiegend in München beheimatet waren, kamen sie später in Bayern und Südbaden zum Einsatz. Während des Krieges waren 4 Maschinen in Norwegen stationiert. August 1972 wurde die letzte 132, wie sie seit dem 1. Januar 1968 hieß, ausgemustert.

Die E 32 zog über 30 Jahre Personenzüge

Die E 32 war auf den von München ausgehenden bayerischen Strecken unterwegs

Baureihe 140

Bauart:
Bo'Bo'
Nennleistung:
3700 kW
Länge über Puffer:
16 490 mm
Höchstgeschwindigkeit:
110 km/h

Gemeinsam von mehreren Lokomotivfabriken und der Deutschen Bundesbahn ist diese Baureihe entwickelt worden. Gebaut wurde sie als Lokomotive, die schwere Güterzüge im Flachland ziehen sollte. In ihrem technischen Aufbau war sie fast identisch mit der E 10.

Durch eine geänderte Getriebeübersetzung und höhere Achslast war die Lok für die vorgesehene Aufgabe umgerüstet worden. Die erste Maschine wurde 1956 ausgeliefert, und bis 1973 hatte die Deutsche Bundesbahn fast 850 Loks der Baureihe 140 in Dienst gestellt; einige davon waren im Reisezugdienst eingesetzt.

Da die Höchstgeschwindigkeit 110 km/h beträgt, ist die Baureihe 140 im Schnellzubetrieb allerdings nur für Steigungsstrecken geeignet.

Für die Qualität dieser Lokomotiven spricht, daß sie monatliche Fahrleistungen von bis zu 10 000 km erbringen, und die Motoren leisten 1,2 bis 1,5 Millionen Kilometer, ehe sie ausgetauscht werden müssen.

Eng verwandt mit der E 10 ist die E 40, die als Güterzuglokomotive gebaut wurde

Baureihe 141

Bauart:
Bo'Bo'
Nennleistung:
2400 kW
Länge über Puffer:
15 660 mm
Höchstgeschwindigkeit:
120 km/h

Henschel und BBC entwickelten diese Mehrzwecklokomotive für den leichten Personen- und Güterverkehr. Im Personenverkehr wurde sie auch vor Schnell- und Eilzüge gespannt. An der Serienlieferung beteiligten sich mehrere andere Lokomotivfabriken.

Diese begann 1956. Bis Anfang 1975 waren mehr als 450 Lokomotiven gebaut worden. Unter ihnen war die 41 149 die tausendste elektrische Betriebslokomotive, die von der Deutschen Bundesbahn übernommen wurde. Brückenrahmen und Fahrzeugkasten sind geschweißt und entsprechen den von der DB festgelegten Bauvorschriften (Leichtbauweise). Alle Loks sind mit Sicherheitsfahrschaltung und induktiver Zugsicherung ausgerüstet.

Die technischen Voraussetzungen für den Einsatz im Wendezugbetrieb sind ebenfalls vorhanden. Die unbesetzte Lok wird vom Steuerwagen aus über eine Steuerleitung ferngesteuert. Die Meßwerte werden über eine zweite Leitung von der Lok in den Steuerwagen übertragen. Diese Ausstattung machte die 41 149 besonders für den Vorortverkehr großer Städte geeignet. Bis zur Ablösung durch die Loks der Baureihe 111 war sie auch im S-Bahn-Verkehr des Ruhrgebietes eingesetzt.

Baureihe 144

Bauart:
Bo'Bo'
Nennleistung:
2200 kW
Länge über Puffer:
15 290 mm
Höchstgeschwindigkeit:
90 km/h

Die Weltwirtschaftskrise Ende der 20er Jahre ging auch an der Deutschen Reichsbahn nicht spurlos vorüber. So wurden z.B. die Elektrifizierungsarbeiten vorübergehend eingestellt. Es wurden keine Lokomotivneubauten mehr in Auftrag gegeben. Da entschlossen sich drei Lokomotivfabriken, Bergmann-Elektrizitäts-Werke AG, Berlin, Maffei-Schwartzkopff-Werke Gmbh, Berlin und Siemens- Schuckert-Werke, Berlin, auf eigenes Risiko je eine Universal- Elektrolokomotive zu entwickeln.

Ende 1930 übergaben die SSW der Deutschen Reichsbahn die von ihnen konzipierte Lokomotive.

Auf zwei Drehgestellen, mit je zwei angetriebenen Achsen (Tatzlager-Motoren), lag der geschweißte Brückenrahmen mit den zum Teil geschweißten Aufbauten. Beide Drehgestelle waren durch eine Mittelkupplung miteinander verbunden. Nach ausgedehnten Testfahrten, sowohl mit dieser als auch mit den beiden von den anderen Werken gelieferten Loks, erhielt SSW den Auftrag zum Bau von 20 Maschinen. Diese wurden für die 1933 elektrifizierte Strecke Stuttgart-Augsburg beschafft.

Für diese Neubauserien bauten Henschel und Krauss-Maffei die mechanischen Teile; aus Konkurrenzgründen hatte SSW bei der Versuchslok das Fahrgestell im eigenen Haus hergestellt. Von den insgesamt bis 1945 gebauten 187 Lokomotiven kamen nach dem Krieg etwa 50 zur Reichsbahn der DDR, etwa 120 zur DB. Letztere ließ nach dem Krieg noch 9 Maschinen neu bauen.

Bei der E 44 handelt es sich um eine der gelungensten Konstruktionen. Auf Grund ihrer guten Kurvenlaufeigenschaften und mit einer Höchstgeschwindigkeit von 90 km/h kam sie sowohl im Güter- als auch im Personenzugverkehr auf den kurvenreichen Strecken im Schwarzwald und in Süddeutschland zum Einsatz.

A
V
E 44 119

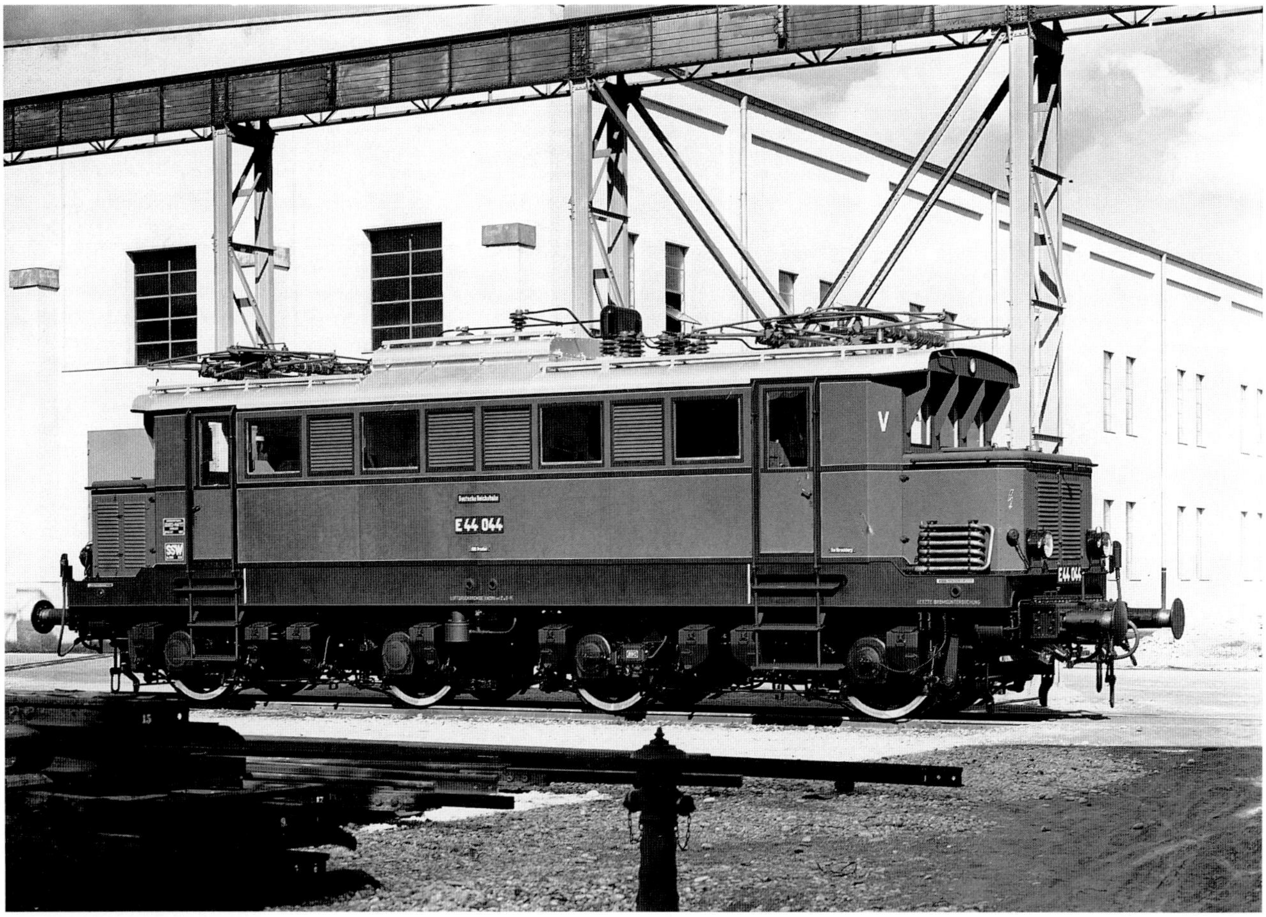
V
E 44 044

Die E 44 bewährte sich auf kurvenreichen Strecken im Hügelland

Baureihe 150

Bauart:
Co'Co'
Nennleistung:
4500 kW
Länge über Puffer:
19 490 mm
Höchstgeschwindigkeit:
100 km/h

Mit der Baureihe E 50 beschaffte die Deutsche Bundesbahn eine ihrer schwersten und leistungsfähigsten Maschinen für den schweren Güterzugdienst. Die E 50 ist die vierte Gattung im Rahmen des ersten Neubauprogramms der DB.

Wie bei der E 03 handelt es sich auch hier um eine Maschine mit zwei dreiachsigen Drehgestellen. Zwischen 1957 und 1973 wurden insgeamt 194 Lokomotiven dieser Baureihe angeschafft. Bei den ersten 25 Stück, die von Krupp und AEG gebaut wurden, erfolgte die Kraftübertragung von den sechs Elektromotoren auf die Achsen durch Tatzlagerantrieb; bei den nachfolgenden, auch von Henschel, Krauss-Maffei, BBC und SSW gebauten Maschinen setzte sich dann der Gummiringfederantrieb durch. Bewährt haben sich die Lokomotiven auf den Steigungen im Spessart, in Württemberg und im Sauerland ebenso wie auf den Langläufen Hamburg - Stuttgart (Kornwestheim) und Hannover (Seelze) - München.

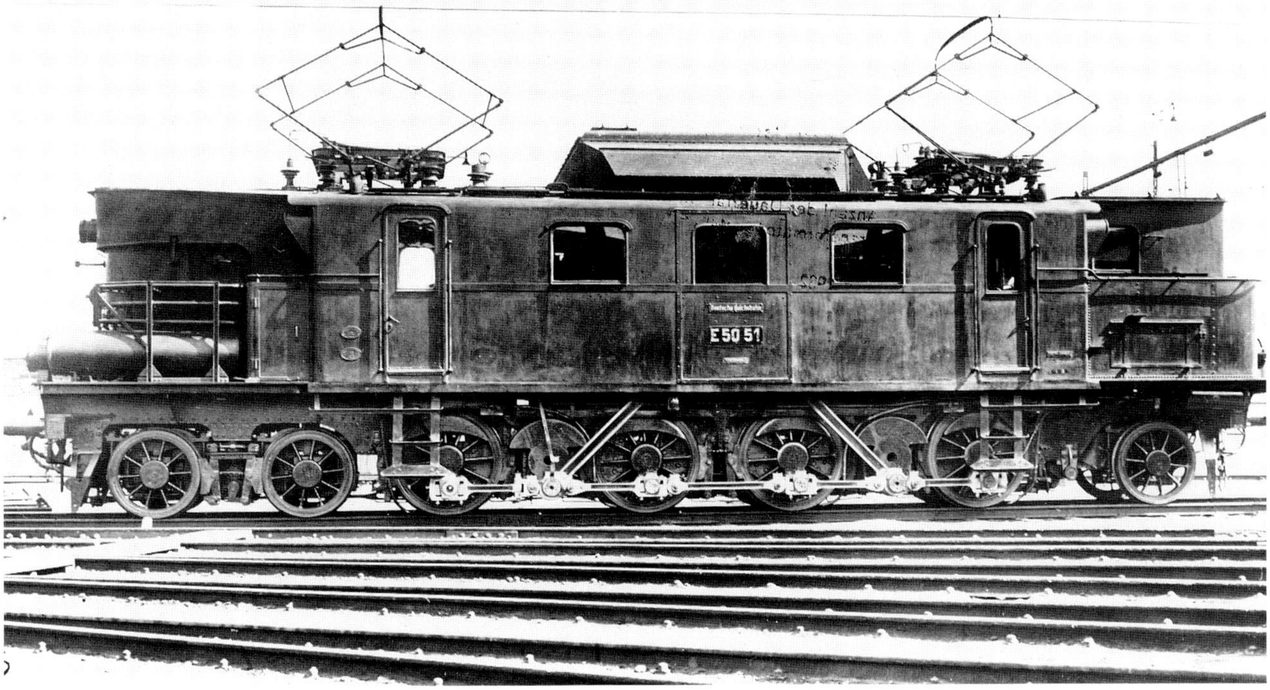

Auch eine E 50: die ehemals preußische EP 247-252 (oben) und die sechsachsige, schwere Neubaulok der DB (unten)

Baureihe 151

Bauart:
Co'Co'
Nennleistung:
6288 kW
Länger über Puffer:
19 490 mm
Höchstgeschwindigkeit:
120 km/h

Mit den steigenden Anforderungen an den Gütertransport auf der Schiene stellte sich für die DB die Frage nach leistungsfähigeren Maschinen als die der BR 150. Um, wie es gefordert wurde, einen Schnellgüterzug auf fünf Promille Steigung und mit 1000 t Zuglast noch mit 120 km/h fahren zu können, mußten neue und stärkere Maschinen beschafft werden. Alle Versuche, die Maschinen der BR 150 auf eine Leistung von über 5000 kW zu bringen, scheiterten. Krupp und AEG entwickelten die neue Maschine, bei deren Bau bei den Radsätzen auch Teile der BR 103 Verwendung fanden.

Wenn die Lok auch nicht in allen Lagen befriedigen konnte, war sie auf Spezialgebieten ein absoluter Renner. Besonders auf den langen Strecken Maschen-Passau und München-Hamburg war sie vor Güterzügen unschlagbar. Ausgerüstet mit Mittelpufferkupplung in Doppeltraktion vor schweren Erzzügen auf der Fahrt nach Salzgitter war sie fast eine kleine Sensation. Vereinzelt konnte man die Loks der BR 151 auch vor Schnellzügen sehen.

Auf Spezialgebieten ein Renner: BR 151

Baureihe 152

Bauart:
2'B B'2
Nennleistung:
2200 kW
Länge über Puffer:
17 210 mm
Höchstgeschwindigkeit:
90 km/h

Im ersten Beschaffungsprogramm der Deutschen Reichsbahn waren für das bayerische Streckennetz Lokomotiven für den schweren Personenzugdienst enthalten. Deren Einsatz war vor Schnellzügen der Strecke München-Garmisch geplant. Nach mehreren Entwürfen entschied man sich für diese Bauart. Statt eines großen baute man vier kleinere Motoren ein, von denen je zwei über Vorlegewelle, Schrägstangen und Blindwelle zwei Kuppelachsen antrieben. Um die Achslast in den Griff zu bekommen, baute man an jedes Ende ein zweiachsiges Drehgestell. 35 Maschinen wurden gefertigt, 19 davon mit AEG- und 15 mit Siemens-Elektrik ausgerüstet.

Mit ihrem Gesamtgewicht von annähernd 140 t ist die BR 152 eine der schwersten E-Loks in Deutschland, mit ihrer Länge von 17,2 m eine der längsten Einrahmenloks.

Nach dem Krieg wurden sie durch das Aufkommen der E 41 und E 44 von ihren Stammstrecken verdrängt. Anfang der 70er Jahre wurden sie ausgemustert, nachdem sie zuletzt u. a. in Nürnberg und Frankfurt/Main eingesetzt worden waren.

Die "Jumbos" der Deutschen Reichsbahn, schwere E-Loks für Personenzüge in Bayern

Baureihe 160

Bauart:
1'C
Nennleistung:
1074 kW
Länge über Puffer:
11 100 mm
Höchstgeschwindigkeit:
55 km/h

Erstmals im Jahr 1927 fuhren auf den Gleisen der Deutschen Reichsbahn elektrische Rangierlokomotiven, die E 60. Sie waren von der AEG für den Verschiebedienst auf den großen bayerischen Bahnhöfen gebaut worden. Bis 1934 wurden 14 Lokomotiven geliefert, zwei davon mit einer elektrischen Ausrüstung von Siemens.

Bei der Auftragsvergabe schrieb die DR vor, daß einige Bauteile von anderen Baureihen (E 52 und E 91) verwendet werden sollten. Entsprechend wurden die beiden Fahrmotoren und der Stangenantrieb angeordnet und gebaut. Gewisse Betriebsbeschränkungen ergaben sich aus der verhältnismäßig hohen Achslast von immerhin 19,3 t.

Auffallend waren die ursprünglich gebauten Stromabnehmer mit zwei weit auseinanderliegenden Schleifbügeln. Diese dienten der Überbrückung der spannungslosen Streckentrenner. Nach dem 2.Weltkrieg waren einige Lokomotiven im Münchener Vorortverkehr eingesetzt.

Ende der 50er Jahre wurden alle generalüberholt und kamen wieder als Rangierlokomotiven zum Einsatz. Hierzu waren sie mit Rangierbrücken an beiden Stirnseiten ausgerüstet worden. Gleichzeitig erhielten sie Einheitsstromabnehmer. Die letzte der Lokomotiven wurde Anfang der 80er Jahre von der DB ausgemustert.

Die E 60, elektrische Rangierlokomotive der Deutschen Reichsbahn

Baureihe 163

Bauart:
C
Nennleistung:
725 kW
Länge über Puffer:
10 200 mm
Höchstgeschwindigkeit:
45 km/h

Die sich ausweitende Elektrifizierung des süddeutschen Eisenbahnnetzes machte die Anschaffung weiterer E-Loks auch für den Rangierbetrieb notwendig. Die Deutsche Reichsbahn vermied es nach Möglichkeit, Dampflokomotiven dort einzusetzen, wo bereits Fahrdrähte vorhanden waren. Motorgetriebene Lokomotiven waren aus technischen Gründen noch nicht reif. So entschied man sich für eine weitere elektrische Rangierlokomotive, die E 63.

Während noch die letzten Maschinen der BR E 60 gebaut wurden, entwickelte Siemens bereits eine weitere, kleinere Lokomotive ohne Laufachse. Den Bauauftrag aber erhielten AEG und BBC. Beide hatten bereits erprobte Motoren in ihre Loks eingebaut, AEG den der E 18. Den Antrieb über Blindwelle und Stange behielten sie bei, die Laufachse war auch hier entfallen. Da die Lokomotiven im Vergleich zur E 60 leichter waren, hatten sie auch einen Achsdruck von nur 17,7 t.

Acht Lokomotiven dieser Baureihe wurden insgesamt in Dienst gestellt. Bei der Deutschen Bundesbahn, die Anfang der 60er Jahre die Loks generalüberholen ließ, waren sie noch bis 1978 im Einsatz.

Allach
E 63 06
BBC G 3260

Laufachslose elektrische Rangierlok der Deutschen Reichsbahn aus der Mitte der 30er Jahre: E 63

Baureihe 171

Bauart:
B'B'
Nennleistung:
780 kW
Länge über Puffer:
11 600 mm
Höchstgeschwindigkeit:
65 km/h

Die Königlich Preußische Eisenbahn Verwaltung orderte 1912 zunächst 18 elektrische Güterzuglokomotiven. Diesen Auftrag, der später auf 27 Maschinen erhöht wurde, erhielt die AEG. Bei der Konstruktion dieser Drehgestell-Lokomotiven hatte die AEG sehr erfolgreich Neuland beschritten. Zum ersten Mal wurden zwei Elektromotoren eingebaut, deren Leistung über Zahnräder auf eine Blindwelle und dann über eine Kuppelstange auf die Treibräder übertragen wurde. Der Lokomotivkasten ruhte auf einem Brückenrahmen, der die beiden Drehgestelle miteinander verband. Im Lokkasten waren die Führerstände und der Haupttransformator untergebracht.

Die Motoren befanden sich unter den Vorbauten auf den Drehgestellen. Drei Maschinen waren bis 1914 ausgeliefert worden, bedingt durch den 1. Weltkrieg folgten die weiteren 24 in den Jahren 1921/22. Darüberhinaus wurden keine weiteren Lokomotiven gebaut und übernommen; Grund hierfür waren nicht nur der Krieg sondern auch der technische Fortschritt. Das Erscheinungsbild der Lokomotive verträgt die Bezeichnung bizarr. Ihre Leistungen allerdings waren gut und sie hatte sich im Betrieb bewährt.

Ihre Aufgabe war das Ziehen von Güterzügen bis zu 1300 t auf den Flachlandstrecken im Raum Magdeburg/Leipzig/Halle.

Zu Beginn der 30er Jahre wurden 17 Maschinen so verbessert, daß ihre Höchstgeschwindigkeit nunmehr 65 km/h (bisher 50 km/h) betrug. Die Mehrzahl hiervon wurde im badischen Raum eingesetzt.

Baureihe 191

Bauart:
C'C'
Nennleistung:
2200 kW
Länge über Puffer:
16 700 mm
Höchstgeschwindigkeit:
55 km/h

Für den schweren Güterzugdienst auf den elektrifizierten Strecken beschaffte die Deutsche Reichsbahn 1925 insgesamt 34 Maschinen. Zwanzig von ihnen taten unter der Bezeichnung E 5 auf den bayerischen Strecken, 14 als preußische EG 581-594 auf dem preußischen Schienennetz (Schlesien) Dienst.

Der Lokomotivkasten, der bei den bayerischen Maschinen an den Stirnwänden mit Türen und Übergangsblechen versehen war, bestand aus drei Teilen. Diese waren mit Faltenbälgen verbunden. In den beiden äußeren Kästen, die fest mit den Triebwerken verbunden waren, befanden sich die Führerstände und je zwei Fahrmotoren. Über Blindwellen mit Vorgelege und Schrägstangen-Antrieb (Bauart Winterthur) wurden jeweils drei Achsen angetrieben.

Die Deutsche Bundesbahn verfügte nach dem 2. Weltkrieg noch über 23 Maschinen. Sie wurden als Schiebeloks im Steilrampendienst und im Verschiebedienst eingesetzt. Mitte der 70er Jahre wurden sie endgültig aus dem Dienst genommen.

Für den schweren Dienst auf Steilrampen gebaut, die E 91 der Deutschen Reichsbahn

Baureihe 193

Bauart:
Co'Co'
Nennleistung:
2502 kW
Länge über Puffer:
17 700 mm
Höchstgeschwindigkeit:
65/70 km/h

Im Jahre 1933 elektrifizierte die Deutsche Reichsbahn die Strecke Stuttgart - Ulm. Ein Teilabschnitt hiervon ist die "Geislinger Steige"; als erste Bergbahn in Deutschland gebaut führt sie die Züge aus dem Neckartal auf die Alb. Noch heute müssen hier schwere Güterzüge von Geislingen bis Amstetten von einer zweiten Lokomotive geschoben werden. 1933 beschaffte die DR für diese Strecke die starken Güterzuglokomotiven E 93.

Bis 1937 wurden es total 18, von denen 14 die Höchstgeschwindigkeit von 70 km/h erreichten.

Die sehr guten Erfahrungen mit der E 44 führten dazu, daß auch hier alle sechs Achsen durch Tatzlagermotoren angetrieben wurden und daß man zwei Drehgestelle verbunden durch einen Brückenträger baute. Beide Drehgestelle wurden durch eine Kurzkupplung verbunden, um die auftretenden Längskräfte besser meistern zu können. Der Lokomotivkasten mit Führerständen und elektrischer Hauptausrüstung ist mit dem Brückenrahmen fest verschweißt.

Alle 18 Maschinen überlebten den 2. Weltkrieg und waren auf ihrer Stammstrecke bis Anfang der 80er Jahre unterwegs. Nur 18 Maschinen wurden gebaut, weil die aus dieser Baureihe weiterentwickelte E 94 (Baureihe 194) verbesserte Leistungen brachte.

Die E 93 sorgte im kurvenreichen Bergland für den Transport von Gütern

Baureihe 194

Bauart:
Co'Co'
Nennleistung:
3300 kW
Länge über Puffer:
18 600 mm
Höchstgeschwindigkeit:
90 km/h

Die Baureihe E 94 ist die konsequente Weiterentwicklung der von der AEG gebauten E 93. Nach der Elektrifizierung der Strecke Stuttgart-Augsburg, auf der der Neubau E 44 zum Einsatz kam, benötigte die Deutsche Reichsbahn für diese Strecke schwere Güterzuglokomotiven. Sie waren vor allem für den Zugverkehr im schwäbischen Hügelland notwendig (Strecke Stuttgart-Ulm, Geislinger Steige!). Bei dieser sechsachsigen Lokomotive, Schrittmacherin für alle späteren schweren Güterzugloks, wurden alle sechs Achsen angetrieben. Auf den beiden dreiachsigen Drehgestellen lag auf einem geschweißten Rahmen das Mittelteil. Es enthielt die Führerstände, die Steuerung und die übrige elektrische Ausrüstung.

Von der Baureihe E 94 wurden zwischen 1940 und Kriegsende 148 Lokomotiven gebaut und eingesetzt. Die Deutsche Bundesbahn übernahm zwischen 1954 und 1956 noch 43 Neubauten. Die Maschinen der Baureihe E 94 unterschieden sich in Triebwerk und Aufbau nur wenig von der Vorgängerin. Wohl erhielten die späteren Serien unterschiedliche und stärkere Motoren. Hierdurch wurde bei einigen Maschinen die Höchstgeschwindigkeit von 90 km/h auf 100 km/h gesteigert. Nachfolgerin bei der Deutschen Bundesbahn wurde in den 60er Jahren die E 50. Bei der Österreichischen Bundesbahn waren die E 94 ebenso erfolgreich im Einsatz. Die vorhandenen 44 Maschinen wurden 1953 umnummeriert. Sie erhielten die Nummern 1020.01 bis 1020.44.

Bewährt bei allen Einsätzen: DE 2500 führt einen Güterzug

DE 2500

Baureihe 202 (DE 2500)

Bauart:
Bo'Bo'/Co'Co'
Nennleistung:
2500 PS
Länger über Puffer:
18000 mm
Höchstgeschwindigkeit:
140 km/h

Baureihe 120

Bauart:
Bo'Bo'
Nennleistung:
5600 kW
Länge über Puffer:
19200 mm
Höchstgeschwindigkeit:
200 km/h

Zwei Baureihen, eine Diesel- und eine E-Lok, dazu das Bild eines Triebwagens aus dem Jahr 1903, kann das denn stimmen? Ja, denn hier ist eine technische Entwicklung zusammengefaßt worden: Der Bau der Drehstromlokomotiven.

Bereits am 27. Oktober 1903 erreichte der Drehstrom-Triebwagen der AEG auf der Militäreisenbahnstrecke zwischen Marienfelde und Zossen mit 210,2 km/h den Weltrekord für mit Drehstrom angetriebene Maschinen. Hierfür waren in einer Höhe zwischen 5 m und 7 m seitlich drei Fahrdrähte senkrecht untereinander angeordnet, drei Stromabnehmer schleiften an ihnen vorbei.

Dies war der Höhepunkt vieler Versuche mit Gleich-, Wechsel- und Drehstrom. Aber Gleich- und Wechselstrom beherrschten das Feld schon allein deshalb, weil mit ihnen die Stromversorgung recht einfach war. Im Jahre 1971 gelang der Durchbruch: Rheinstahl-Henschel (jetzt Thyssen) und BBC (jetzt ABB) entwickelten und bauten eine dieselelektrisch angetriebene Maschine, die DE 2500. Während bis dahin Diesellokomotiven fast ausnahmslos über Flüssigkeitsgetriebe angetrieben wurden, trieb jetzt der Dieselmotor einen Generator, der den Strom für die Elektromotoren erzeugte.

Aber nicht mehr Gleichstrom, sondern Drehstrom trieb die Drehstrom-Asynchronmotoren. Der Aufbau dieser Loks war so gestaltet, daß sowohl zweiachsige als auch dreiachsige Drehgestelle verwendet werden konnten. Nach vielen erfolgreichen Einsätzen wurde eine der drei insgesamt gebauten Lokomotiven provisorisch mit einem Steuerwagen gekuppelt. Dieser war mit einem Stromabnehmer ausgerüstet, so daß der Fahrstrom nicht vom bordeigenen Generator geliefert, sondern aus der Oberleitung mit Wechselstrom 15000 Volt und 16 2/3 Hertz entnommen wurde. Diese Versuche führten schließlich zum Bau der BR 120.

202 003-0 wurde mit einer stromlinienförmigen Verkleidung ausgestattet und mit neu entwikkelten Drehgestellen ausgerüstet. DE 2500 UmAn - so die genaue Bezeichnung - erreichte eine Geschwindigkeit von 250 km/h. In abgeänderter Form sind diese Drehgestelle nun beim ICE im Einsatz. Die Deutsche Bundesbahn bestellte zunächst fünf Lokomotiven der BR 120, die durch vier Drehstrom-Asynchronmotoren angetrieben werden. Die Leistungsfähigkeit dieser Maschinen sei an zwei Beispielen gezeigt: Beschleunigung von 0 km/h auf 200 km/h in 30 Sekunden, Geschwindigkeitsweltrekord für Drehstrom-Lokomotiven am 17. Oktober 1984 mit 265 km/h.

Diese E-Lok machte den Weg frei für den ICE; mit gleichem Antrieb, verbessert durch den Einsatz von Mikroprozessoren, sind die Triebköpfe ausgestattet.

Mit ihm wurde 1903 der Weltrekord erreicht: Drehstrom-Triebwagen der AEG

Mit der E-Lok der Baureihe 120 besitzt die DB eine hochmoderne Lokomotive mit Drehstromantrieb

Baureihe 410

Bauart:
Bo'Bo'
Nennleistung:
4800 kW
Länge über Kupplung:
20 560 mm
Höchstgeschwindigkeit:
250 km/h

Oft haben wir in diesem Buch davon gelesen, daß Geschwindigkeit eine Maxime des Eisenbahnverkehrs war; heute ist sie es mehr denn je. Die Menschen haben kaum noch Zeit, sie müssen Tag und Nacht telefonisch erreichbar bleiben, wo immer sie auch sind. Und sie verlangen auf ihren Wegen immer kürzere Reisezeiten.

Dieser Herausforderung stellen sich die Eisenbahnen überall auf der Welt. 250 km/h Geschwindigkeit sind bei Triebwagenzügen keine Seltenheit mehr. Am 1. Oktober 1964 begann das neue Zeitalter mit der Eröffnung der Strecke Tokio-Osaka, auf der der "Hikari" (der Blitz) in drei Stunden 515 Kilometer Entfernung überwandt. Ein hoher technischer Aufwand auf der Strecke macht diesen Schnellverkehr möglich. Zum Teil per Computer ferngesteuert fahren die Züge auf Strecken, die nur ihnen vorbehalten sind. Sie sind kreuzungsfrei gebaut und führen häufig durch Tunnels oder über Brücken.

So ist es in Frankreich, wo der TGV den Schnellverkehr bewältigt, und in Deutschland, wo mittlerweile ein ICE-Netz entstanden ist. Der Triebkopf des ICE - das ist die moderne Lokomotive - enthält Spitzentechnik der Elektronik und der Drehstromtechnik. Die DB hat jetzt den Auftrag zum Bau von 60 weiteren ICE-Zügen an Siemens und AEG vergeben.

Sicher ist der ICE nicht das Ende der Entwicklung; in Zukunft werden wir noch schneller fahren, sei es schienengebunden, sei es mit Magnetschwebebahnen.

ICE-Experimental hält für Verkehrsminister Dollinger in dessen Heimatstadt Neustadt/Aisch

Umweltfreundlicher Schnellverkehr: der deutsche Hochgeschwindigkeitszug ICE

401 058-3

35
0
DR
142 249-2

**Zum Abschluß zwei Bilder der Deutschen Reichsbahn der ehemaligen DDR.
Die 250, hier vor einem Zug des Städte-Schnellverkehrs, wurde ab 1974 als Universallokomotiveeingesetzt.
Links: Die E 42 (DR 242) wurde ab 1963 für den Personen- und Güterzugdienst der DR beschafft**

Die Autoren

Herbert Schleich
Betriebswirt, Fotograf, lebt in Brilon (Westfalan), verfügt über ein umfangreiches Archiv mit Eisenbahnfotografien, Autor mehrerer Bild- und Dokumentationsbände.

Heribert Steingaß
Bankkaufmann, lebt in Bochum, Eisenbahnliebhaber seit der Kindheit, seit seiner Pensionierung ehrenamtlicher Mitarbeiter des Eisenbahnmuseums in Bochum.

Textquellen

Horst J. Obermayer: Taschenbuch Deutsche Dampflokomotiven; Taschenbuch Deutsche Diesellokomotiven; Taschenbuch Deutsche Elektrolokomotiven; Taschenbuch Deutsche Schmalspur-Dampflokomotiven. Alfred B. Gottwaldt: Geschichte der deutschen Einheitslokomotiven; Katalog der Reichsbahn-Einheitslokomotiven; Die Stromlinien-Dampfloks der Reichsbahn; 100 Jahre deutsche Elektro-Lokomotiven. Rolf E. Temming: Illustrierte Geschichte der Eisenbahn.
Weisbrod/Müller/Petznick: Deutsche Dampflokomotiven (Dampflok-Archiv).
Bäzold/Fiebig: E-Lok-Archiv.
Als Modellbahner seit fast 40 Jahren und als Mitarbeiter im DGEG Eisenbahnmuseum Bochum-Dahlhausen ist manches Wissen aus den unterschiedlichsten Quellen vorhanden und in die Texte eingeflossen.

Bildquellen

Herbert Schleich, Brilon: Titelbild und S. 7, 8 o., 8 u., 25, 28 u., 29 u., 38, 42, 59, 67 u., 68, 75, 79, 83, 106, 122/123
Volker Krämer, Pinneberg: S. 2/3, 63
Siemens AG, München: S. 10, 11, 14 u., 15 o., 84 o., 94, 96, 105 u., 112 o., 119 u.
Krauss-Maffei AG, München: S. 30 o., 34 u., 52 o., 66, 84 m., 91 u., 95 o., 98 u., 110 u., 112 m.
Heribert Steingaß, Bochum: S. 60, 61 o., 62, 99 u., 105 o., 107 o., 113
Jung Jungenthal GmbH: S. 67 o.
Krupp Verkehrstechnik GmbH, Kiel: S. 70, 77
ABB Henschel Waggon Union GmbH, Mannheim: S. 86, 87 u., 92, 93, 109, 110 o., 116, 117, 118, 119 o.
AEG / Studio Garbe & Partner, Berlin: S. 124, 125, 102, 103
Alle anderen Abbildungen wurden vom Verkehrsmuseum Nürnberg zur Verfügung gestellt; besonderer Dank gilt dort Herrn Illenseer.

Empfehlenswerte Bücher des Podszun-Verlags

Jahrbuch Feuerwehrfahrzeuge (erscheint jährlich neu)

Jahrbuch Traktoren (erscheint jährlich neu)

Axel Johanßen: Deutsche Feuerwehrfahrzeuge aller Zeiten

Michael Bach: Die berühmtesten deutschen Traktoren aller Zeiten

Walter Sack: Eicher-Traktoren

Winfried Römer: Berühmte Flugzeuge – Impressionen Luffahrt

Eckhart Bartels: Opel Fahrzeugchronik

Eckhart Bartels: Das Opel Rekord Buch

Rudie Heppe: VW Personenwagen – eine Chronik

Udo Bols: Porsche Sportwagen – eine Chronik

Franz Georg Steidl und Dirk Trinn: BMW Personenwagen – eine Chronik

Hans Otto Meyer-Spelbrink: Amerikanische Personenwagen 1945 - 1965

Brigitte Podszun: Die deutschen Autos der Wirtschaftswunderzeit

Udo Bols: Die berühmtesten deutschen Autos aller Zeiten

Udo Bols: Die berühmtesten deutschen Sportwagen aller Zeiten

Reinhard Lintelmann: Die Motorroller und Kleinwagen der fünfziger Jahre

Bernd Regenberg: Die berühmtesten deutschen Lastwagen

Bernd Regenberg: Das Lastwagenalbum: Büssing

Bernd Regenberg: Die deutschen Lastwagen der Wirtschaftswunderzeit
Band 1: Vom Dreiradlieferwagen zum Viereinhalbtonner, Band 2: Mitlere und schwere Fahrzeuge
Band 3: Omnibusse

Bernd Regenberg: Die deutschen Lastwagen der sechziger Jahre
Band 1: Büssing, Faun, Hanomag, Henschel, Band 2: Kaelble, Krupp, Magirus, MAN, Mercedes, Opel